互联网企业
反腐密码

段秋斌 主编

中国人民大学出版社
·北京·

编委会

反腐：民营企业治理现代化的一场革命（代序一）

时延安*

反腐问题，很长时间以来都是民营企业讳莫如深的话题。实际上，很多民营企业内部都有遭遇“家贼”“内鬼”伤害的经历。正所谓“家家有本难念的经”，对于这类内部腐败问题，很多民营企业家多采取息事宁人的做法，不愿意将这类“家丑”公之于众，一方面担心影响企业社会形象，另一方面则是“家贼”“内鬼”往往与企业经营者有着“剪不断理还乱”的私人关系。此外，一些民营企业家也担心，诉诸司法程序反倒会给企业经营带来诸多不便。然而，“家贼”“内鬼”不能得到根治，养痈遗患，内部腐败问题迟早会给企业带来不利影响甚至灭顶之灾。

党的十八大以来，我国反腐斗争进入一个崭新的阶段，腐败问题得到极大遏制，国家反腐制度和机制得到极

* 中国人民大学刑事法律科学研究中心主任、法学院教授、博士生导师，中国犯罪学学会副会长。

大完善。不过，这场反腐斗争主要聚焦在国家机关、国有企业、事业单位、人民团体，即重点放在了以公权力为核心的反腐机制构建上。与公共部门腐败相比，私营部门的腐败问题更为复杂，其治理难度更大，这也是困扰其他国家和地区主管当局的一个难题。私营部门的经营管理带有明显的自主性，政府对其内部管理基本持不介入态度，只有其经济活动带有外部性或者其内部活动带有侵犯人权性质时，政府才会寻求主动干预。在这样的治理模式中，私营部门内部腐败问题很难被政府主管部门发现，如果没有来自私营部门内部人员或者私营部门合作方的举报，这类腐败问题很难进入政府及司法部门的视野并给予应得的法律追究。

在我国，随着市场经济的快速发展，民营企业中的腐败问题越发引人关注，其严重的危害性从三个方面表现出来：一是对企业正常经营管理活动的危害。很多民营企业都经历着“眼看他起朱楼，眼看他宴宾客，眼看他楼塌了”的悲喜剧，个中缘由除了市场竞争激烈、企业经营不善之外，内部腐败问题也是主要原因，“家贼”“内鬼”掏光、搞垮企业的例子不胜枚举。二是对市场经济环境的破坏，直接表现为对上下游企业的不利影响。例如，在购销环节的腐败行为就严重影响市场经济的正常交易秩序，腐蚀相关企业的从业人员。目前，招投标领域“围标”“串标”现象也可归咎于此。三是对消费者权益的损害。企业为生产、销售而形成的腐败成本，相当一部分会转嫁到消费者身上。例如，一些房地产企业为获取相应项目而行贿，由此形成的“成本”，要么通过抬高房价予以解决，要么通过降低建筑产品质量进行消化。客观地讲，涉及民营企业的腐败问题，从一些具体事例看，其危害性程度并不低于公共部门的腐败。

对涉及民营企业的腐败治理，既要强调外在的规制，即由政府依循法律给予必要的指导和规范，更需要内在的治理，即企业内部通过制度建设形成对腐败问题的监督和制约，与此同时，在制度和机制构建上，要形成内外的必要结合，即“他治”与“自治”的结合。对于民营企业而言，反腐应主要靠自治，这有利于内部治理上赢得主动，优化治理结构、减少治理成本，同时有利于避免外在因素的影响和干扰。当然，“他治”必不可少，“他治”的完善，应全面认识民营企业的特点，在充分尊重企业自主经营权、充分保障企业产权的前提下，依循法治精神，宽猛相济，通过外力促进民营企业合规建设，及时纠正民营企业的违法问题，并将民营经济中的害群之马淘汰出局。

通过企业之间形成的合作机制，在民营企业反腐败事业中相互助力、共同发声，构建相互策励的信息交流机制，是新形势下私营部门反腐的一个创举，更是高度建设性的重大进路。2017 年 2 月，在京东、腾讯、美团等大型互联网企业的倡导下，“阳光诚信联盟®”品牌应运而生。短短几年里，“阳光诚信联盟”由最初的 13 家会员单位发展壮大为多达 500 余家会员单位的企业廉洁合规交流平台，在民营经济领域快速形成一股反腐倡廉的潮流。通过这一平台，民营企业之间相互交流反腐经验，共同研究、创新反腐败机制，积极推动了民营企业反腐败事业的前进。

作为“阳光诚信联盟®”品牌的第一家咨询机构，中国人民大学刑事法律科学研究中心始终与会员单位并肩而立，共同思考、解决现实重大问题。作为首席顾问，我见证了“阳光诚信联盟”的创建及快速发展的过程，高度赞赏会员企业在反腐事业中所做的努力，也深深体会到民营企业反腐的艰辛和不易。我始终坚信，只要会员企业始终保持初心、精诚合作，一定会实现“阳光诚信联盟®”品牌成立的目标，有力推动我国社会主义市场经济的健康发展！对于身处市场经济发展大潮中的民营企业而言，治理腐败也是一场带有壮士断腕气概的自我革命！这场自我革命道路曲折而漫长，只要民营企业家们能够尽快形成共识，积极加强自身制度建设，我们有理由相信，这场自我革命将取得成功，而那时中国企业不仅是全球经济中最活跃的分子，也将成为全球法治建设的主力军！

此次互联网企业的廉洁合规专家们积极贡献智慧，撰写了《互联网企业反腐密码》一书，以生动的笔法总结过去一段时间互联网企业反腐的经验，向世人坦承反腐的艰难和困惑，更向公众展现出互联网企业反腐的决心和信心。创业维艰，我相信，读者也能从中读出这些大型互联网公司反腐的初心、使命和担当；未来可期，我期待，更多民营企业能够自觉地加入反腐行列，那么，经过一段时间的努力，在市场经济中就会形成对腐败问题的“群体免疫”！

是为序！

时延安

2021年8月4日

合规即发展

（代序二）

何成锋

当前，中国经济由高速发展阶段转向高质量发展阶段，这对企业之间建立高度互信的协作共赢生态提出了更高的要求。当“只做合规的业务”成为一家企业的发展观念时，企业才能赢得更多合作伙伴的信任，才能实现长远持久的发展。

京东集团董事局主席兼首席执行官刘强东认为，商业有文明，必须坚持正道成功，不能野蛮竞争，无序扩张。京东从创业第一天起就坚守正道成功、合规经营，确立了“合规即发展”的理念，这成为京东保持持续健康稳健增长的基石。

合规工作不仅是企业管理的一项内容，更应该是一种基于信任的合规文化，是一种能够融入管理过程和全员工作中的精神内核，要让“合规即发展”的理念深深融入企业的各项业务中。

十几年前，京东还是一家创业公司，尽管承受着巨大的生存压力，但是每个人都坚定地走正道、做实事，不卖假货、不逃税漏税、不行贿受贿。因为大家始终坚信，事业的成功是用拼搏和汗水换取的。今天的京东已跻身世界500强第59位，业务覆盖零售、科技、物流、健康等多个板块，遍布天南海北的37万多名员工与合作伙伴一起，为5亿消费者提供海量优质商品和服务。对于京东这样一家跨行业、跨地域的大型企业而言，合规管理是一个重大课题，对于企业的生存发展有着极其重要的意义。一直以来，京东秉持“合规即发展”的理念，合规不仅是京东的立身之本，更是京东的发展动力之源；合规不仅是京东企业治理的现实需要，更是源于京东的文化理念和创业初心。

在企业的合规管理中，“反腐”是一项重要内容。特别是对于一些较大规模的企业，服务场景多元，业务条线交织，非公受贿和职务侵占这类腐败行为很难彻底避免。有腐败行为的个人虽然是极少数，但犹如千里之堤下的蚁穴，对企业文化和业务发展贻害无穷，因此企业对腐败的治理绝没有妥协的余地。

长期以来，京东在惩治腐败上，从来都是不留面子、不做样子。《中国纪检监察报》专门报道了京东以“查处一起，公告一起”等不留情面方式惩治腐败的做法。从反腐到数据安全、隐私安全，京东始终以“最严格制度”筑牢安全防线，通过高于行业标准和法规标准的制度构建，让合规成为常态化压力，并在合规体系的制度设计、模式创新及行业引领上，积淀了一套行之有效的经验。

首先，做好合规要有硬碰硬的真功夫。企业的合规管理不是“赶苍蝇”，挥挥手就能见成效。在日常的合规工作中，一些承担企业发展重任、掌握重要资源的部门，业务量大、往来资金密集，自然会成为合规风险的高发地。因此，要让合规成为公司治理的顶层设计，要有高度的独立性和权威性，甚至在涉及重要事务时，要有“一票否决权”。

其次，做好合规要有打持久战的准备。企业的合规工作不是朝夕之功，胜败往往存于细节之中。尤其是对于高速发展起来的大型企业，合规更是一项艰巨、复杂而又影响深远的工作。只有把合规作为企业发展的基石，强化企业日常的制度、文化、人才积累，才能让企业在迎接挑战时，一刻不松、半步不退，建立起企业合规管理的长效机制。

最后，做好合规要借助科技的力量。企业的合规工作离不开现代化科技手段的支持，特别是大数据、互联网、人工智能等新一代信息技术。比如京东建设案件管理系统、异常监控系统，构建监察知识库、案例库和外部资源库，搭建监察中台，建设高效数字化合规体系，大大提升了企业自查自纠、防范和处置风险的能力；把监督关口前移，有效提高了监督的质量和效率。

此外，做好合规更要有开放合作的心态。企业合规工作从来都不是关起门来的自家事，需要联合政府、企业、行业、社会各方力量，通过行之有效的治理制度、治理模式、合规标准、技术手段，形成多个维度的共治合力。我们欣喜地看到，“阳光诚信联盟”经过四年的积极探索，汇聚了530多家企业治理的合力，共同打造了一个廉洁合规的企业发展生态圈。

过去二十年来，互联网技术为中国企业高速发展注入了动力，但高速成长也伴随着隐忧。公开数据显示，国内中小企业的平均寿命不到3年，这其中有企业战略、商业模式、团队管理等诸多问题，同样不可忽视的是部分中小企业缺乏合规机制与文化，沉溺于投机钻营，最终因内部失控而引发一系列危机。

经过大家的共同努力，越来越多成功的创新型企业已经将合规经营打造为企业的核心竞争力之一，并致力于培养企业在知识产权、保护环境、反对商业贿赂、履行商业责任等方面的合规文化。这些努力不但有效地拓展了企业的发展空间，也增强了企业应对危机的“免疫力”，让合规成为企业发展的内生力。

京东集团首席合规官　何成锋

2021年8月9日

前　言

由于互联网的颠覆式创新、用户至上、流量为王、新零售、共享经济、网红经济、社区团购等商业模式在打开新的商业天花板的同时，不计成本的投入和内控失效也给互联网企业带来诸多腐败隐患和刑事合规风险，造成诸多“独角兽”企业早夭。互联网企业快速扩张、野蛮生长，暴露出大量远超传统企业的腐败问题，其腐败和刑事合规问题也越发成为制约中国互联网企业，乃至全球互联网科技公司健康可持续发展的关键议题。

本书采用案例研究的方法，分析京东、小米、字节跳动、美团等我国优秀互联网科技企业在反腐败、反舞弊作出中采取的有益尝试和采取的有效措施，为企业做大做强和拓展国际化道路贡献治理智慧，树立道路自信、理论自信、制度自信、文化自信。

互联网科技公司反腐败的案例研究目前较少，相对于传统企业，当前针对互联网企业的反腐败研究尚处于起步阶段。本书聚焦互联网企业反腐败的发展历程、独特性与应对策略，通过行业调研和典型企业实地访谈等方法收集一手资料，以案例研究为方法论基础，开展系统性分析，总结具有中国互联网企业特色的腐败治理思路，归纳其腐败治理规律和方法，以为更多互联网企业的行稳致远提供参考。

首先，确定典型互联网企业作为案例研究样本。案例采集主要通过现场调研、收集整理、实地访谈、问卷调查、会议与谈等方式，广泛收集了大量互联网公司反腐败资料，重点选取并收集研究了分别代表美股上市企业、港股上市企业、A 股上市企业、高估值独角兽创业公司以及具有代表性的电商业务与新零售平台、物联网智能硬件制造、社交内容平台等互联网科技企业的反舞弊反腐败工作，进行个案分析。

其次，通过系统性归纳整理，将互联网企业反腐败历程划分为三个阶段。腐败问题是互联网企业从创业走向守业、从输血变为造血、从野蛮生长到行稳致远过程中需要重点解决的问题，以京东、小米、字节跳动为代表的中国互联网企业经历了从“旁观者”到被动反腐、点状反腐，再到主动披露、强势反腐的三个时期。互联网企业成长为向内部蠹虫硕鼠宣战的“守卫者”，积累了许多行之有效的行业经验。

再次，基于案例研究识别出互联网企业反腐特征。互联网科技企业反腐不同于国家监察、国企反腐，它有着互联网企业特有的风格，对于大量处于创业期的互联网公司乃至民营企业都具有重要借鉴意义。

最后，从犯罪打击、制度内控、腐败预防等方面着力，构建“不敢腐、不能腐、不想腐”的体制机制，对于互联网科技企业同样适用、同等重要。

编者

2021 年 8 月

目　录

第一章　破译互联网反腐密码

有两样东西，越是经常而持久地对它们进行反复思考，它们就越是使心灵充满常新而日益增长的惊赞和敬畏：我头上的星空和我心中的道德法则。

——伊曼努尔·康德《实践理性批判》

第一节　腐败不是新鲜词

20 世纪 90 年代以来，随着互联网科技的兴起，特别是进入 21 世纪第二个十年，4G 和移动支付技术的成熟使得数字化浪潮加速席卷全球。中国的互联网行业在短短二十多年的时间里经历了从无到有、由少到多、由弱变强的发展历程。《财富》杂志在北京时间 2020 年 8 月 10 日全球同步发布的世界 500 强排行榜中，美国的亚马逊、Alphabet、Facebook，以及中国的京东集团、阿里巴巴集团、腾讯控股有限公司和小米集团赫然在列，且排名均有提升。

互联网科技公司代表的数字生产力越发成为驱动经济发展的信息基础设施和增长新引擎，同时飞速增长的用户量、市值、估值背后也发生了大量腐败行为。据《南方都市报》披露："2015 年至 2020 年上半年，共有 27 家互联网公司曝出了超过 360 起腐败舞弊案件，其中 2019 年开始，被曝反腐案件的互联网公司数量、腐败舞弊案件总数量和涉案人数均呈爆发式增长，2019 年全年互联网行业共曝出超过 190 起反腐案件，涉及滴滴、大疆、ofo、美团、360、陌陌、DaDa 英语、苏宁、小米、百度、暴风集团、拼多多、房多多、网易、京东、阿里、腾讯、联想 18 家互联网企业，超过 400 位员工被开除或移送司法机关调查。"① 如何防止快速发展的互联网企业陷入内部腐败困局，确保企业廉洁合规、行稳致远，越发成为新经济时代的重要课题。

事实上，腐败并不是个新鲜话题。历史有多远，反腐

① 2020 上半年互联网企业反腐报告．南方都市报，2020-07-09.

就有多久，甚至伴随着朝代的兴衰更替、楼台烟雨。

“国家之败，由官邪也”（《左传·桓公二年》）。春秋时期的先哲就已经意识到国家的衰败是由“官邪”造成。

在古代，各级官员给皇帝“打工”，皇帝怕“打工者”贪腐怠惰，尤其贪赃枉法、徇私舞弊、利益输送、权力寻租、玩忽职守、浪费国家资财……导致帝国倾覆，于是找一些“监工”来监督“打工者”，使其尽忠尽职尽责。如《三国志·魏书》记载“惧宰官之不修，立监牧以董（督察之意）之；畏监督之容曲，设司察以纠之”。

据考，我国最早的监察工作始自秦代。从公元前 221 年，秦统一六国，就设立了监察制度。秦朝的御史大夫官职仅次于丞相，有“候补丞相”之说。秦始皇还对郡一级机构派驻监察御史，负责地方的监察工作。至此，我国的监察制度已经基本形成了。

御史监察制度在明清两代臻于成熟。

但家长体制下反腐败，难免“其兴也勃焉，其亡也忽焉”。

所谓“主圣臣直”（《汉书·薛广德传》），遇到唐太宗这样能虚怀纳谏的皇帝，御史尚能发挥作用；遇到像明世宗这样“厌薄言官，废黜相继，纳谏之风微矣”（《明史·

邓继曾传》）的皇帝，把正当监察行为视为离间员工关系，痛加责罚，那就不只是自讨无趣了。明代监察“历代均不能望其项背”，而明代的贪腐也是历代均不能望其项背。

现代国家的治理水平显然要比封建王国进步很多。

商业社会发达的美国早在1977年就制定了《反海外腐败法》（FCPA），并经历1988年和1998年两次修改，最终形成现有体系。

2010年4月，英国《反腐败法案》获得批准，并于2011年4月生效，建立了比FCPA更严厉的反腐败立法体系，为英国执法机关提供了广泛的国际执法基础。

日本、韩国、瑞典等国在英美立法的影响下，分别制定或修改了国内法，对本国公民和公司在海外实施的腐败行为予以制裁。

2003年10月31日第58届联合国大会通过了《联合国反腐败公约》；2005年10月27日我国批准加入《联合国反腐败公约》并于2006年2月12日对我国生效。该《公约》第21、22条将私营部门的腐败行为纳入规制范围。

反腐已逐渐脱离个人意志，朝着机制、体制、治理方向转化。

第二节　互联网科技企业反腐是国家反腐进程的必要之环

互联网企业，作为网络经济时代最具标志性的先进生产力代表，肩负着重大的历史使命和社会责任，这样庞大的经济组织廉洁守法、合规经营意义重大。

党的十八大以来，以习近平同志为核心的党中央将全面从严治党纳入“四个全面”战略布局，把党风廉政建设和反腐败斗争摆到前所未有的新高度，从 2012 年 12 月 4 日出台中央八项规定开始，以从严治党带动国家反腐，形成了新时代中国特色社会主义反腐败格局，为政治、社会、经济、文化秩序带来清风正气，形成了具有大国特色的“廉洁拐点”。

从八项规定颁布到《中华人民共和国监察法》《中华人民共和国公职人员政务处分法》出台，再到“廉洁一带一路建设”，一系列重大反腐政策、法律、战略创新无不反映着“无禁区、全覆盖、零容忍”思想和理念，“标本兼治”策略和实践以及通过党风带民风、民风促党风净化社会政治生态的正循环，以及通过抓“常”抓“长”，将反腐败斗争进行到底的决心勇气。这些新思想新理念，不仅推动着党和国家治理体系的完善和提升，也指导和推动着互联网科技企业反腐败斗争不断走向深入。

这样的大背景既为国民经济中最活跃、最有生机的互联网科技公司内部治理营造了良好的外部环境和“清亲”的政商关系，也对这样一群新型经济体廉洁从业、合规经营提出了新的要求。庞大的民营互联网企业的反腐败治理，从对拥有公权力的公职人员反腐向非公职人员扩展，在人员范围上扩大了对“泛权利”的监督。

互联网企业反腐动态不仅在行业内部掀起一阵新风，同时也引发了国家治理层面的点赞，2016 年中国纪检监察报刊登了《民企加入反腐阵营值得赞赏》；2018 年 11 月 1 日，中共中央总书记、国家主席、中央军委主席习近平在北京人民大会堂主持召开民营企业座谈会并发表重要讲话，一方面要求政府保护企业家人身和财产安全，另一方面要求民营企业家“讲正气、走正道”；2019 年 12 月 4 日，《中共中央、国务院关于营造更好发展环境支持民营企业改革发展的意见》对推动民营企业规范健康发展提出了具体落实意见。体量庞大的民营互联网企业已经成为我国反腐败阵营的重要力量。

因此，维护好、引导好互联网企业的发展，确保互联网科技公司廉洁守法、合规经营，推动互联网企业创新并健康发展，引导互联网企业与国家战略方向同向而行，事关经济社会提档升级，事关经济新动能培育，更是事关中华民族伟大复兴，构成了国家反腐进程的必要之环。

第三节　互联网科技企业反腐是国际化战略的必修之课

我国企业在中美博弈、疫情冲击等极端复杂严峻的国际形势下持续发展，且仍然保持着稳定增长，而且处于稳中提质的发展态势。我国在继续保持全球货物贸易第一大国的地位的同时，2019 年民营企业首次超过外商投资企业，成为我国第一大外贸主体。[①] 随着中美关系紧张情绪加剧，我国企业，特别是以互联网公司为代表的民营经济，在对外投资和贸易仍长期以美元为主导的国际贸易体系中生存，也将面临更大挑战。

归纳 2017 年至 2019 年中国企业遭受境外执法的原因，反腐败、反洗钱、反垄断、证券舞弊排名前四，其中反腐

① 量质齐升，民企成第一大外贸主体．经济日报，2020-01-15．

败高居榜首，占比超过30%。小米、京东、阿里、字节跳动等一大批互联网科技企业纷纷设立海外腐败调查部门，海外业务的腐败以及海外业务发展面临的反腐败调查和处罚，越来越成为悬在出海企业头顶悬垂的达摩克利斯之剑。[①]

国际企业反腐败调查的法律风险更高。商业社会最发达的美国早在1977年就制定了《反海外腐败法》（FCPA），并经历1988年和1998年两次修改，最终形成现有体系。2010年4月，英国《反腐败法案》获得批准，并于2011年4月生效，建立了比FCPA更严厉的反腐败立法体系，为英国执法机关提供了广泛的国际执法基础。英国的反腐败法与美国反腐败法最大的区别在于美国的反腐败法仅禁止对官员行贿（bribes involving foreign officials），但英国的反腐败法的对象不仅仅包括官员，还包括私人部门（bribes in the private sector）。此外日本、韩国、瑞典等国在英美立法影响下，分别制定或修改了国内法，对本国公民和公司在海外实施的腐败行为予以制裁。

长臂管辖原则对中资企业更不友善。2019年FCPA的14张罚单中，与中国发生贸易或在国内开设合资公司

① 辛红．企业遭遇跨境反腐执法联动加强．法制日报，2018-09-17．

的跨国集团有 8 个，60%的腐败案件发生在中国或与中国业务相关，包括费森尤斯医疗、沃尔玛、德意志银行、瞻博网络、QUAD、西岗燃料、爱立信等著名跨国公司。不论是企业出海还是引入外资都面临越来越严峻的腐败调查压力。截至 2020 年 1 月 20 日，被 BIS 列入实体清单的中国企业、个人和机构共 208 个，被列入未被证实名单共 41 个；2020 年 5 月，美国贸易管制黑名单新增奇虎 360、云从科技、东方网力等 33 家。[①] 据此趋势推断，美国将不断加大对涉及人工智能、ICT 等硬核科技企业的监控和打压，从华为、中兴事件看，反腐败已经成为美国长臂管辖的重要武器。

国际货币基金组织（IMF）总裁拉加德在 2017 年 9 月 18 日表示，全球每年贿赂金额高达 2 万亿美元，占全球当年 GDP 总额的 2%左右。[②] 全球通过行贿以保障其开展的业务的企业比重高达 30%，行贿金额占到了企业总成本的 10%。有调查显示，在中国企业海外投资过程中，

---

① 33 家中国公司及机构被美列入实体清单！相关回应来了. 中国大数据产业观察网，2020－05－25. www.cbdlo.com/BigData/2020－05/25/content_6156639.htm.

② 全球每年贿赂金额高达 2 万亿美元：占全球 GDP 总额 2%. 参考消息，2017－09－20.

约有 69%的中国海外经营企业遭受过反商业贿赂执法或处罚。[①] 截至 2018 年 4 月世界银行网站上公布的数据，共有超过 1 180 家企业受到世行制裁或交叉制裁，其中中国企业超过 110 家。随着国际贸易体系在极端单边主义的压力下，企业出海面临的反腐败调查和处罚的形势越来越严峻，修好反腐败这门课，经得起海外反腐调查，已经成为中国企业全球化经营的内功。

第四节　反腐是互联网科技企业行稳致远的必由之路

由于经典战略管理理论成熟于工业时代，对传统制造业企业来说，最有价值的资产是看得见、摸得着、易作价的实物资产，价值一般都比较好确定，产业价值链相对简单，因而企业实际拥有的资源和财务报表中的资产比较接近，其腐败隐患往往聚焦于会计、销售、高级经理人等关键岗位和货物流转的重点环节。

互联网企业可不一样。

① 中国贸促会发起反贿赂国际合规行动. 北京商报，2017-11-21.

2019年1月18日，大疆创新反腐败公告披露：2018年大疆内部进行管理改革，公司发现在供应商引入决策链条中研发人员、采购人员、品控人员存在大量的贪腐行为；其他体系中，也存在销售人员、行政人员、售后和工厂人员贪腐。大疆在公告中称，2018年由于供应链贪腐，保守估计造成超过10亿元人民币的损失。

“2018年由于供应链贪腐造成平均采购价格超过合理水平20%以上，保守估计造成超过10亿元人民币的损失。大疆表示，很多物料长时间以高价卖给公司，高价物料少则贵20%～50%，很多低价物料不少都以2～3倍的价格卖给公司。已处理涉嫌腐败和渎职行为的员工有45人。研发、采购、销售、行政、设计、工厂多个部门都涉及。”①

步入信息科技时代后，无形资产变成了企业最值得投资的东西，人力资本成为了最大的资本，科技企业的“朋友圈”与“生态链”更是企业的半条命，投资融资、广告营销、地推团队、流量导入、评价管理、用户信息、商业算法等，能够作价的载体越来越多，可以寻租的无形空间也随之变大。

① 45人10亿＋损失，中国最耀眼科技公司对这些人下狠手了. 每日经济新闻，2019-01-20.

第五节 反腐是互联网科技企业创始人避免危局的法商之道

“1977年，美国国会通过了《反海外腐败法》（简称FCPA）。该法经过1988年、1994年和1998年三次修订，是目前美国控制美国企业海外商业贿赂行为的重要法律。对于违反FCPA的行为，可以追究刑事责任和民事责任。刑事责任分为两类，一是对于构成犯罪的公司和其他商业实体，可处以最高200万美元的罚金；二是对构成犯罪的高级职员包括董事会成员、雇员或代理人可处以最高10万美元罚金和5年以下监禁”①。

中兴通讯因行贿而受到巨额制裁的案例在国内引发轩然大波，孟晚舟事件让华为成了大国较量的“暴风眼”……虽然政治博弈醉翁之意不在酒，但越来越多的企业家认识到只有刑事合规，才能适应国际化发展之路。根据美国《联邦量刑指南》，合规制度完善，量刑的时候会有很大的减免。通过给予企业奖励的方式在企业内部创造

---

① 陈瑞华：美英两法与刑事合规问题，华辩网，2019－04－07. www.163.con/dy/article/EC5IJMGC0514C1NH.html.

并维持预防犯罪、发现犯罪、报告犯罪的良好机制，对于企业来讲是正向促进作用。员工利用企业名义从事职务犯罪，从规则上来讲也不会让企业承担责任。企业作为参与市场竞争，以实现价值最大化为追求的经营单元，用高尚的道德要求不如首先避免踩入雷区。

当人均 GDP 超过 1.1 万美元时，消费能力与意愿正在不断展现“对美好生活的向往”，经济体进入后互联网时代，时代呼唤高端制造业的发展和服务业的升级——“低垂的果实”已然被采撷殆尽，剩下都是难啃的硬骨头，高质量的增长需要高质量的内控与不断降低成本。

据美国注册舞弊审查师协会（ACFE）统计，2018 年至 2020 年舞弊给各类组织造成的经济损失约为其全年总收入的 5%。[①] 从设立公司、招聘员工、购买原料、签订合同，到筹划财务、对外融资、债务处理、流量变现，创始人很难做到事无巨细，对每个细节都了然于胸，对每件小事都事必躬亲，一旦内控失效，权利缺乏制约便非常容易产生利益输送、靠企吃企、设租寻租等问题，因此“信托责任”绝不能豪赌人性，内控是否有效考验着每个企业的基本功。

---

① 2020 年全球舞弊调查报告. ACFE. 2020－04－16. www.acfechina.org/annex/detail-19.

腐败问题不仅是政治的瘟疫，它更是公司的瘟疫；腐败问题不论姓公姓私、不论规模大小、不论行业差异，都是每个企业必然面对的问题，是每个治理者、企业家、管理层必须潜心思考、洞察的“态势”，必须保持理性和清醒。

第二章 “先上车再买票”的时代结束了

未来已不再是曾经的未来，而现在也不再是曾经的现在。

——马丁·沃尔夫《低垂之果不多了》

第一节 啃食殆尽的“低垂之果”

很少有人意识到，从 1998 年到 2018 年，中国年均 GDP 增速超过 9%；更少有人意识到，从 2010 年到 2019 年，伴随移动互联网的发展，中国互联网企业发展经历了一个“黄金十年”。

十年之间，诞生过无数“草莽英雄”。他们秉持商业新概念，脚踩流量风火轮迅速崛起。时间来到 21 世纪第二个十年，消费结构与经济发展正在孕育着一场巨变：当人均 GDP 超过 1.1 万美元时，经济体进入后互联网时代，时代呼唤高端制造业的发展和服务业的升级——低垂的果实已然被采撷殆尽，剩下都是难啃的硬骨头。

2019 年是个转折点。

2019 年年初，河南富士康 iphone 生产线被爆裁员 5 万名工人；2 月，长安福特在重庆的装配车间裁员千余人；5 月，被视为“硅谷国企”的甲骨文突然裁撤了中国区研发中心；10 月，三星关停了惠州手机工厂，4 000 多名工人另谋生路……

互联网流量见底，创业热潮消退，格局基本稳定，钱越来越“聪明”……在 2015 年的创业高潮过后，新增创业公司的数量就逐年下滑。投资机构普遍认为 2018 年已经是一个“底”，但数据却告诉我们“底”还能继续往下探一探。

2006 年到 2015 年房地产的黄金十年结束；2019 年终于轮到了互联网。

2019 年全国仅新增了 2 324 家创业公司，这个数字不到 2018 年的 3 成，更是只有高峰期 2015 年的 1 成（参见

图 2-1)。

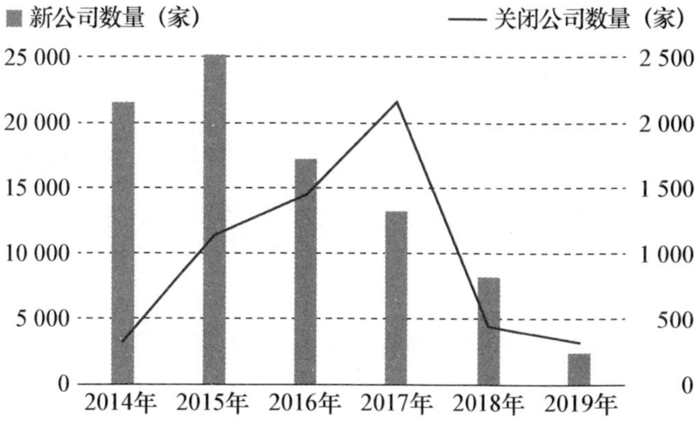

图 2-1 2014—2019 年中国创业公司状况

(数据来源:微信公众号 IT 桔子)

被《财经》描述为“那么多的钱和那么多人的青春烧掉了,留下一个好故事”的 OFO,在 2019 年还是没有续上现金、振作重来;踩在风口上杀入市场、改写竞争规则的熊猫直播,在 2019 年 3 月正式关站;锤子科技将旗下的手机业务和坚果品牌转让给了字节跳动……

近 5 年的创业公司死亡名录里,融资总额排名前 10 的公司中,有 7 家倒在了 2019 年,包括“独角兽”公司团贷网和爱屋吉屋、由云峰基金领投的全峰快递……

从 A 轮到 E 轮,融资总量达 22 亿元、估值飙升至 78 亿元,爱屋吉屋只花了 15 个月。曾经,爱屋吉屋是全世界独角兽里发展得最快的一只。但由于未能完全吃透行业逻辑，爱屋吉屋终究还是昙花一现，在 2019 年初惨淡收场。

在市场上成功融到这么多钱，证明上述公司至少在踩中风口、团队运作、商业故事等诸多层面，做对了好几件事。

可惜的是，它们都在 2019 年渡劫失败了。

而站在公司背后、曾经风光无限的明星创业者：戴威、王思聪、罗永浩，相继因公司债务纠纷，被列入“限制高消费人员名单”。

这些明星创业公司都撑不住的寒流下面，还有更多没能霸占头条的、悄无声息的“死亡”者。

“开车换轮胎、天下武功唯快不破……”曾是多少互联网企业家信奉的教条，在迈入 21 世纪第二个十年突然变得不灵了。

“站在风口上，猪都能飞起来。”雷军的这句话总会被反复吟诵。但现实是，有些风口实在是挤了太多的猪，再加上风也不是那么持久强劲，所以摔下来的就格外多。

2010 年以来，我们耳边飘过的风口热词换了好几轮，“O2O”“共享经济”“电子竞技”“互联网金融”……堆积了无数互联网创业公司“尸体”。

最近5年，电子商务、企业服务、本地生活、金融和社交网络成为“花式死亡”最多的创业行业，为创业公司“死亡”名录贡献了过半成员，可以称得上是创业死亡五大兴趣小组。

“九败一胜”的王兴在2019年初就敏感地认识到：“在互联网上半场，基本功不太好，还可以靠红利、靠战略、靠资源带动快速发展，但到了下半场，基本功不过关，活下去都很难。”①

何谓基本功?

喧嚣平息过后，呼唤理性与务实回归。

著名风险投资人Paul Graham曾在*How Not To Die*一文里列举了导致创业公司死亡的系列原因：“一般说来，创业公司死亡，要么是没钱了，要么就是关键创始人逃跑了，而通常这两者是同时发生的。”

创新、努力、拼搏……是抵抗死亡的良药。

除了业务层面的重构去挣钱，便是降低组织功耗来省钱。

---

① 王兴. 王兴除夕发内部信：练好基本功，能赢99%的事，钛媒体. 2019-02-05.

基本功就是大风平息后，打“持久战”的能力。

基本功既不是“速胜论”，也不是“必亡论”，而是向上生长的坚韧，向下扎根的深厚。因为，实践反复证明：

只见踏实做事的百年老店，不见贪腐怠惰的伟大公司；

只见潜心钻研的大国工匠，不见一心钻营的成功人士。

静下心来算一笔账，如果2018年以后，企业组织每年因舞弊所造成的损失占其收入的5%，那么，内控监察部门的运营成本可能连营业收入的1%都占不到。

如果这5%的收入能被挽回一半，会不会让企业多发一个月工资？

ACFE还指出：总体来看，企业舞弊案件中约70%为纯内部人员舞弊，比例超过内外勾结作案的两倍。

权力不受监督，必然导致腐败；

员工拒绝监督，迟早要出问题。

2018年，58集团创始人姚劲波配合警方将曾经的“得力干将”58集团副总裁宋某送交司法处理，他很坦诚地说道：“队伍里出现这样的情况，企业也有责任。宋某是我第一次做这样为难的决定，迈出第一步以后，再有这种情况就会非常痛快地处理，绝对不允许问题再次发生。”①

《2018年全球舞弊报告》显示：内部人员舞弊案件占比较高的行业为批发和零售业（90%），此外分别是信息传输、软件和信息技术服务业（75%）、房地产业（73%）。

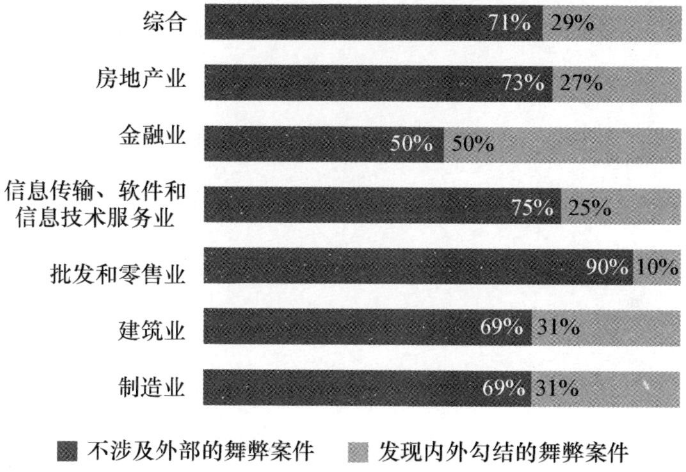

图2-2 各行业舞弊案件占比

互联网行业的内部人员舞弊案件排名第二！

扁平化管理的互联网公司本应该更加强风控系统监控。一个人长期固化在某一岗位，自然会产生固定的利益关系、利益输送。

在移动互联网的“黄金十年”，内控、监察、审计这

① 杨倩. 58抓“鬼”，中国企业家杂志. 2019-09-05.

些让创业者“冷静”的部门被搁置一边，部分互联网行业从业的内审监察部门人员吐槽：“互联网公司普遍不重视管理，大家热衷概念炒作，如何吸引流量才是主要工作，其他都靠边站。”

“黄金十年”间，互联网企业在飞速扩张其商业版图。繁华之下，尽管企业管理层凭借产品研发、服务升级以及跨界收购等多个领域的先发优势，使企业成功做大做强，但由于其在创业初期引入了大量的风险资金，保持着不计成本的投入。

花别人的钱，不心疼。

资本催熟的巨婴“基本功”普遍较差，内部监管方面经验的欠缺、内部反腐监管制度建设的相对滞后，无形中也降低了雇员的违法犯罪成本，使得内部腐败易发、多发，导致的后果便是有规不依，有令难行，权责边界模糊，整个团队上下离心，企业利润被侵蚀，竞争力不断下降；互联网企业腐败的成本最终转嫁到消费者身上，加剧消费者对整个行业的消费疑虑，大大降低行业公信力。

随着互联网企业“出海”，面对国际合规监管的日益强化，企业治理实践显得捉襟见肘。

随着越来越多的中国互联网企业走出国门，它们面临的海外舞弊风险日益突出，各类舞弊已经成为对企业正常经营管理秩序的最大威胁之一。

公司腐败和商业贿赂，是中国企业的内控顽疾，也是全球合规顽疾，高居受境外执法榜首（参见图 2－3）。

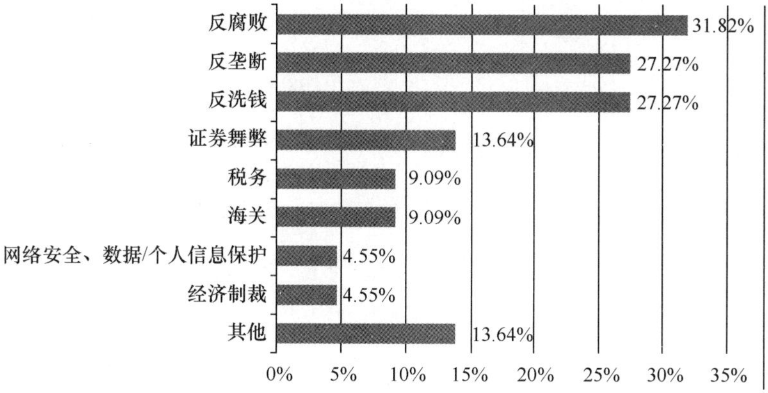

图 2－3 2017 年中国企业受境外执法（调查/处罚）原因

数据来源：威科先行法律信息库

在这种形势下，习惯了“先上车再买票”的逻辑的企业，面对国际市场的游戏规则，对防范和治理舞弊的需求从来没有像今天这样迫切。了解舞弊发生的现状、寻求如何有效地应对舞弊，进而从源头上预防舞弊发生，正在成为越来越多企业家关心和期待的重要议题。

第二节　互联网科技公司的“组织之癌”

从3Q之争到百团大战，从共享经济到网红经济，从直播带货到社区团购……一个个创业的风口背后是资本与流量的角逐，这样的商业逻辑导致企业需要在早期将有限的资源投入到无限的扩张之中，很难在反腐败和内部控制方面投入过多资金和资源。

腐败案件发生具有延迟性，流量数据却立等可见，企业的融资与估值很难通过内控有效性衡量、建模、加分。

人类社会进入移动互联网时代，对于企业组织而言意味着“单打独斗闯天下”的工业时代已经结束了，诸如Amazon、Facebook、阿里、腾讯、京东、美团等这类基于新零售、共享服务、社交应用、本地服务的“平台型”企业应运而生且大获成功，使商业的边界越发模糊，行业互相融合，资源的整合越来越快。

财务界资深教授Baruch Lev和Gu Feng两位会计教授在2016年出了一本书：《会计终结、投资者和管理层的出路》（*The End of Accounting and the Path Forward for*

Investors and Managers)。他们做了一系列数据分析，最后得出的结论是，传统会计制度即将终结了。

传统的财务制度死了。

以传统企业财务视角看互联网公司的腐败问题形同说笑。

50 年过去了，我们已经步入信息和技术时代，无形资产变成了企业最值得投资的东西。

为何互联网企业腐败频发让人难以理解？

因为现在我们使用的财务制度是工业时代创造的。对制造业企业来说，最有价值的资产是看得见、摸得着的实物资产，价值一般都比较好确定，所以企业实际拥有的资源和财务报表中的资产是比较接近的。

1970 年，在 Eldon Hendriksen 撰写的近 600 页的《会计理论》这本书中，有关无形资产的篇幅只有 20 页。

投资者投资一家互联网科技公司，实际上投资的是其无形资产。互联网公司的财务逻辑越来越不透明，越来越难以捉摸。一家风投机构的项目人员永远要弄清，也是永远难以弄清的问题——你的盈利模式是什么？

事实上，很多即便后来被证明“无比成功”的公司，当初也没弄明白其盈利模式是什么。

相比实物资产占比高的传统企业，互联网科技公司的资产逻辑有着明显“个性”：轻资产、现金多，虚拟资产为其主要形式；资产负债率低，融资占比高；大量、小额、高频的交易；销售费用高；周期短、迭代快、盈利模式不断变化。

通过下面这几张图表可以发现，在1977年至2015年，企业在有形资产上的投资速度，远远低于在无形资产上的投资速度。

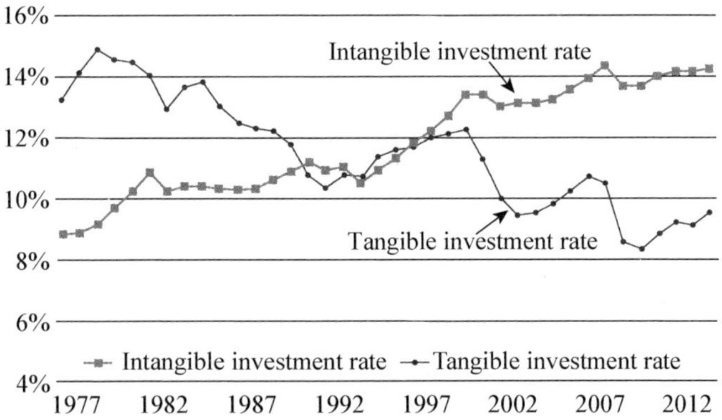

图2－4　1977年至2012年企业资产投资对比

来源：Baruch lev/Feng Cu，The End of Acounting and the Path Forward for Investors and Managers，John wiley & sons. 2016.

表 2-1 在中国上市的互联网公司 2013 年至 2015 年无形资产结构①

年份	2015	2014	2013
软件占比/%	39.64	22.07	37.42
商标权占比/%	0.76	0.16	0.67
专利权占比/%	10.59	10.62	8.72
非专利技术占比/%	22.26	38.30	22.34
经营权占比/%	0.43	0.57	0.81
土地使用权占比/%	25.49	27.48	24.48

表 2-2 在美国上市的互联网公司 2013 年至 2015 年无形资产结构②

年份	2015	2014	2013
知识产权①占比/%	34.22	29.79	28.41
经营权占比/%	5.92	5.51	3.48
法律基础资产占比/%	17.17	16.78	16.17
契约基础资产占比/%	7.41	6.15	3.36
顾客基础资产及市场基础资产占比/%	6.71	8.68	4.68
员工基础资产占比/%	0.00	0.00	0.00
土地使用权占比/%	11.55	12.51	17.81

行业比较一致的观点是：现金、研发支出、销售收入是互联网企业最重要的三大指标。

很不幸，现金、研发支出、销售收入，却是腐败和舞弊最容易侵入的领域。

“租”的空间远超传统企业。

①② 来源：崔也光，贺春阳，陶宇. 中国互联网上市公司无形资产现状分析，首都经济贸易大学学报，2017（11）.

2018年阿里的新掌门张勇在清华大学的一场论坛上讲：他在阿里最看重“创造者”，要创新就要敢于做不完美的决策。

创新作为互联网企业最本质的特征，不完美便是与生俱来的产品。

就是这些“不完美”，同时也成为滋生腐败的空间。由于盈利模式、资产结构等不同于传统的民营企业，除与传统行业具有共性的腐败行为，如商业贿赂、职务侵占、虚报费用、私吞推广费等之外，互联网科技公司内部腐败的成因、表现形式以及对社会生活各方面造成的影响都具有明显的变异特征。

例如，小额高频交易造成“无底洞”。

“通过先下单后退单的虚假交易方式，43名被告人共在美团点评平台上作案31起，骗取结算款190余万元。高邮法院宣布其行为构成诈骗罪，一审分别被判处有期徒刑或拘役，并处罚金。其中，周某、陈某等3人因作案次数频繁、诈骗数额巨大，被判处有期徒刑10年至12年。”①

互联网行业还存在自身所特有的腐败行为，包括篡改店铺排名、为商家刷单、改删评价、泄露个人信息等等，

---

① 马树娟. 美团助警方破获新型刷单诈骗案，法治周末. 2018-01-03.

传统民营企业现有的反腐经验和措施难以有效遏制这些新生腐败样态的滋生蔓延。

这种利用高频交易漏洞的腐败，造成的损失难以计量。

再例如，研发人员也成为舞弊的主谋。

互联网经济依靠汇聚海量用户，并通过搭建平台提高用户黏性，凭借广告、佣金提成、销售产品和数据及其他增值服务，使其具有盈利渠道多样化的行业特点。而通过平台、流量的规模优势在网络交易中获得的高利润，更进一步诱发雇员腐败。而这些雇员往往是拥有高学历、高技术、高薪酬、高流动性互联网员工，他们自嘲为“程序猿”或“互联网民工”。

与传统腐败的权钱交易不同，这类犯罪人员的“权力”更多表现为数据权限。

他们违规使用此前的系统权限在系统后台搜索、查询其他高权限人员账号、密码；违法使用相关人员账号、密码登录并下载公司商业产品后台数据。

某网络技术有限公司员工宋某、侯某于 2015 年下半年离职后，窃取公司源代码和技术资料，创立某短视频 App。二人利用掌握的代码和数据，对某知名科技公司短视频业务进行了像素级复制，并入侵公司服务器非法获取服务器上的视频内容，用于该短视频 App 中。此外，该公司前研发工程师彭某在宋某、侯某的安排下，利用职权便利里应外合，持续向二人输送机密代码数据。

该案系全国首例互联网公司非法入侵权利公司服务器，利用“爬虫技术”手段抓取数据，进而实施复制被害单位视频资源的案例。本案也属于典型的有竞争关系的互联网公司聘用对方公司人员非法获取对方核心数据的案件，其行为同时符合非法获取计算机信息系统数据、侵犯商业秘密、侵犯著作权犯罪的特征。

网络爬虫又被称为网页蜘蛛，网络机器人，是一种按照一定的规则，自动地抓取互联网信息的程序或者脚本。本案中，被告单位首先模仿被害单位开发出一套具有类似短视频服务功能的 App 产品，随后为丰富视频资源吸引客户，被告人侯某等人又使用黑客技术规避权利公司安全防御机制，非法侵入被害单位服务器，使用网络爬虫下载大量短视频及评论并在侵权平台使用。这不仅挤占被害单位市场份额，还造成权利公司带宽被占用、用户体验下降等不良影响。

因此，国内互联网行业迫切需要根据当前企业腐败发展的新动向，与时俱进地完善自身反腐败体系的顶层设计，建立起一套切合实际、具有可操作性、针对性强的反腐败长效治理体系，同时动员社会力量多方齐抓共管，综合施策，这才是预防和惩治企业腐败的根本之道。

第三节 硬币正面：只有贪腐与怠惰才能阻止伟大公司

2018 年 11 月华为发布了《改进工作作风的八条要求》，发布后要求全员对照检查，开展内部整风。

（1）我绝不搞迎来送往，不给上级送礼，不当面赞扬上级，把精力放在为客户服务上。

（2）我绝不动用公司资源，也不能占用工作时间，为上级或其家属办私事。遇非办不可的特殊情况，应申报并由受益人支付相关费用。

（3）我绝不说假话，不捂盖子，不评价不了解的情况，不传播不实之词，有意见直接与当事人沟通或报告上级，更不能侵犯他人隐私。

（4）我们认真阅读文件、理解指令。主官的责任是胜利，不是简单的服从。

（5）我们反对官僚主义，反对不作为，反对发牢骚、讲怪话。对矛盾不回避，对困难不躲闪，积极探索，努力作为，勇于担当。

（6）我们反对文山会海，反对繁文缛节。学会复杂问题简单化，600字以内说清一个重大问题。

（7）我绝不偷窃，绝不私费公报，绝不贪污受贿，绝不造假，我们也绝不允许我们当中任何人这样做，要爱护自身人格。

（8）我们绝不允许跟人、站队的不良行为在华为形成风气。个人应通过努力工作、创造价值去争取机会。①

可见“反腐败斗争和作风建设永远在路上”，中国治理的智慧不仅仅体现在治国理政的路上，更在公司治理的进程中。

任正非说：“我们像双翼的神马，飞驰在草原上，没有什么能阻挡我们前进的步伐，唯有我们内部的惰怠与腐败。”②

2019年，在华为最艰难的日子，很少在媒体露面的任

---

① 2018年版华为公司改进工作作风八条要求，蓝血研究微信号，2018-03-20.

② 华为再发文，反惰怠反南郭18种行为，蓝血研究微信号，2019-12-11.

正非接受媒体访谈时又提到“腐败与怠惰”：“我们技术很先进，所以合同很容易拿，那么拿到合同以后很清闲，可能就会腐败，公司就摇摇欲坠了；然后机关越来越庞大，办公环境越来越好，敲敲键盘输出几个流程就拿到钱了，谁还会愿意去艰苦地区和国家工作呢?”他说：“在特朗普打击我们的时候，我们真正感觉到了生存的威胁，不努力就要走人，高级干部也是一样，不努力就要撤掉。你看，这一年来我们焕发了青春，人人都非常努力……特朗普帮了我们。”①

华为并没有“先上车后买票”，而是很早就意识到任何优秀的企业都会面临腐败问题，很早就开始对自己诚实。腐败问题不仅是政治的瘟疫，它更是公司的瘟疫；腐败问题不论姓公姓私、不论规模大小、不论行业差异，是每个企业必然面对的问题，是每个治理者、企业家、管理层必须潜心思考、洞察的“态势”。

反腐植根于企业的危机意识。

众所周知，华为在冬天的时候没有天天强调困难，而是提出“利用冬天的机会扭转全球竞争格局”并真的取得

---

① 任正非接受《财富》杂志采访：出售5G技术许可对华为有利，观察者网. 2019-10-10.

成功，如果没有“冬天战略”，华为可能还要落后业界大腕更多年份；华为在被 CISCO 起诉时没有慌乱，而是积极应对，利用了这次起诉达到了花几亿美金可能达不到的提高知名度的效果；在面对中美贸易摩擦的“从未有过的变局”，推出鸿蒙，把几乎是灭顶之灾的境遇反而转化为成功的有利条件。

这种危机感，在反腐败建设上也一以贯之。2011 年华为在进行业务突进、战略转型，内部却发起了“怠惰 18 问”，又被称为“扎心 18 针”。

> 你和你的团队是否安于现状，不思进取？
>
> 是否明哲保身，怕得罪人？
>
> 是否唯上，以领导为核心，不以客户为中心？
>
> 是否推卸责任，遇到问题不找自己的原因，只找周边的原因？
>
> 是否发现问题不找根源，头痛医头脚痛医脚？
>
> 是否只顾部门局部利益，没有整体利益？
>
> 是否不敢淘汰惰怠员工，不敢拉开差距，搞平均主义？
>
> 是否经常抱怨流程有问题，从来不推动流程改进？
>
> 是否不敢接受新挑战，不愿意离开舒适区？

是否不敢为被冤枉的员工说话？

是否只做二传手，不做过滤器？

是否热衷于讨论存在的问题，从不去解决问题？

是否只顾指标不顾目标？

是否把成绩透支在本任期，把问题留给下一任？

是否只报喜不报忧，不敢暴露问题？

是否不开放进取，不主动学习，业务能力下降？

是否不敢决策，不当责，把责任推给公司？

是否只对过程负责，不对结果负责？

发展永远没有终结，内控永远不会结束。奖章只是阶段性的纪念，不是终结。如果说还有不足的地方，那么首先是要改进方法，进一步提高自身技能，因为目前大家只是抓具体的事，从流动数据上还发现不了问题。你们辅助别人、帮助别人，自己也要成为伟大的人，从成功走向科学化、程序化，才是我们的目标。

监督体系本身是公司很重要的支柱之一，没有这个支柱，华为公司怎么会有明天？而且明天更复杂、更艰难，在这种情况下做好监管更不容易。你们也要传帮带，让更多新人一代代涌入，公司不能在我们的手里终结。华为公司最宝贵、最伟大的财富就是管理平台，如果公司的生命终结，这个平台也就一文不值了。所以我们一定要维持生存，维持生存的根本就是不能腐败！

公司初创，发展得越快，管理覆盖就越不足，暂时的漏洞也会越多，很多企业即便是发展很大了，仍不够重视廉洁文化建设，价值评价体系存在问题，只看拿到多少合同、开拓多少市场、获得多少订单；有的管理者认为自己不做坏事，别人也不做坏事。

华为很早就意识到，腐败和管理是伴生关系。华为不会因为发现腐败而大惊小怪，既不会因腐败而不发展，也不因发展而宽容腐败。

华为设计了“三道防线”。

第一道防线，本部门业务主管，作为内控的第一责任人。第一责任人的设计十分精巧，“懂反腐”直接体现在压实责任的环节——廉洁责任是管理者的第一责任，而非反腐部门的责任。不论前中后台哪个部门，在流程中建立内控意识和能力，不仅要做到流程的环节遵从，还要做到流程的实质遵从。流程的实质遵从，就是行权质量，落实流程责任制，业务管理者要真正承担内控和风险监管的责任，95%的风险要在流程化作业中解决。在华为，业务主管必须具备两个能力，一个是创造价值，另一个就是做好内控的能力，华为的管理者普遍认为做好内控工作，最大的受益者是本人；做不好内控工作，最大的受害者也是本人。

第二道防线，内控及风险监管的行业部门，针对跨流程、跨领域的高风险事项进行拉通管理，既要负责方法论的建设及推广，也要做好各个层级的赋能。稽查体系聚焦事中，是业务主管的帮手，不要越俎代庖，业务主管仍是管理的责任人，稽查体系是要帮助业务主管成熟地管理好自己的业务，发现问题，推动问题改进，有效闭环问题。稽查和内控的作用是在帮助业务完成流程化作业的过程中实现监管。一定要明确内控的责任不是在稽查部，也不是在内控部。

第三道防线，内部审计部是华为的司法部队，通过独立评估和事后调查建立冷威慑。审计需要有能力抓住一个缝子，不依不饶地深查到底，旁边碰到有大问题也暂时不管，沿着这个小问题把风险查清、查透。一个是纵向的，一个是横向的，没有规律，不按大小来排队，抓住什么就查什么，这样建立冷威慑。冷威慑，就是让大家都不要做坏事，也不敢做坏事。

监督岗位更多实行个人负责制。

在华为，审计、内控、稽查等监督岗位人员的升降问题，不一定是当地主官说了算，可能是其上级或者上级的上级说了算。华为鼓励将优秀监管岗位职级相对快速提升，低职级的员工是管不住高职级干部的。为了避免发生冤假错案，同一职级上，监督岗位应比其他岗位高一两级的工资，但是不发放项目奖。

这样做，源于监督岗位实际上实行个人负责制，在事实面前是否敢于坚持原则，在于其最大的“独立性”。敢于负责、个人表现突出的优秀员工，尽管领导可能不喜欢，也要尽快被升级、被破格提拔。在华为，评功摆好不是审计人员的责任，而是领导层的责任，“功”和“过”是两回事。

审计监察的本质是挖掘事实、还原真相。

在华为，审计监察被要求遵循实事求是的原则，把问题调查清楚，只做事实调查，不做价值论断，更不能擅自运用调查结果。处理问题交给 HRC 的纪律与监察分委会，查处分开。

任正非要求审计人员要有独立的能力，既要坚持原则，又要有方法，审计人员不仅要敢于斗争，还要善于斗争，既能够坚持原则，又善于坚持原则。

审查调查和处理分开，有利于把是和非分开，把功和过分开，把过去和当下分开，如果一个人有功，就宽容了他的过，这样就建立不了铁的组织纪律，也无法成就华为这样一个“铁血”的公司。

调查结果运用的“灰度”。

在对违规违纪人员进行处理时，审监团队要求坐实证据，没有证据不能随便伤害一个干部；同时要有科学的方法、实事求是的方法，要尊重人权；当干部出现问题时，华为不意气用事，“讲感情，最后摧毁的只能是好人”；当证据确实充分时，斗争有理、有力、有节，要有节制，不是说斗争就是无情打击，那样不解决问题。

在任正非看来，培养一个干部很不容易，每次“处理干部”都要上常务董事会研究，他说：“每次给我汇报时，我都很痛心。其实通过努力为公司作出贡献而获得的利益更大，华为总体待遇不低，高级干部的待遇更高。为了一点小小利益去做不正确的事，不值得！对干部的离任和在任审计，其实就是在关怀爱护干部，让干部至少不要把坏事做大了。”

没有一个能够完全把舞弊风险和问题全部排除在外的控制体系。

可以推理得出调查结果运用的“灰度”是对企业廉洁生态的深刻判断，是对行动空间的辩证洞见：如果一个控制体系能够严丝合缝，把所有的潜在问题都处理掉，这个体系得多烦人，多违背人性。在这样的一个体系里面，一点点小事，都可能被无限放大，放到显微镜下面去盘查。所有的正常失误，都会被那些刻板的后期检查程序反复调查，被探寻莫须有的动机。所有的创新活动，都会被严苛的制度盘查，让人激情耗尽。所以，有效的管理一定要留有行动空间，而在行动空间里面，重要的约束就是信任。而所有舞弊失控的一个共同特征，就是滥用信任。滥用信任，是导致内部控制体系失灵的一个关键因素。

第四节　硬币反面：轰然倒塌的创业明星

大多数互联网企业经过十年左右高速野蛮发展，目前正在为更健康地经营积蓄力量，互联网企业不得不为之前的“超速”买单。

“俺曾见金陵玉殿莺啼晓，秦淮水榭花开早，谁知道容易冰消。眼看他起朱楼，眼看他宴宾客，眼看他楼塌了。这青苔碧瓦堆，俺曾睡风流觉，将五十年兴亡看饱。”①

看饱兴衰，在这个光速发展的时代，用不了五十年。

在广袤的大地上，2016 年到 2018 年三年的时间里，一共出现了 70 多家共享单车公司，投放了超过 2 500 万辆共享单车，“共享经济”成为“黄金十年”最魔幻的“翘尾”。

被誉为“共享单车原创者和领跑者”的 OFO，曾一时风光无两。第一次创业，北大前学生会主席 27 岁的戴维就执掌一家估值百亿美元的互联网公司，这是在中国创业史上绝无仅有的事情。

数据不会说谎：2017 年 6 月，小黄车数量多达 600 万辆，遍布 4 个国家 100 座城市，为全球用户提供了超过 10 亿次骑行服务；在 2.0 版本 App 中，OFO 优化了故障单车的报修流程，还首先推出上传照片功能，App 的下载量一度超过美团外卖和搜狗；OFO 还接入公安部失踪儿童信息发布平台，成立共享单车专业委员会，试图围绕共享单车业务寻找更多可能性。

2016 年前，在共享单车领域有颇多创新之举的 OFO，俨然是最受关注的明星创业公司。

① 孔尚任．桃花扇．上海．上海古籍出版社，2016：176.

时间来到2018年，2018年6月，OFO被曝挪用用户押金或超百亿元。当年12月，在OFO位于北京市中关村互联网金融中心的总部门口，用户排起百米长龙，押金挤兑危机正式爆发。

被用户“追债”的OFO同时也官司缠身，多次被供应商起诉。

2019年1月，OFO被顺丰一纸诉状告上法庭，称其拖欠运输费用。为此，顺丰向法院申请冻结OFO小黄车在招商银行账户的存款1 375万元。同月，上海凤凰自行车公司申请强制执行，要求OFO给付货款6 825.11万元。天津飞鸽、天津科林、天津富士达等3家自行车公司，也被卷入了OFO的债务危机，分别被拖欠货款及违约金8 050万元、145万元和2.5亿元。

2019年6月，法院在立案执行过程中发现，OFO的运营实体东峡大通名下已经没有任何可执行财产。不仅没有房产、土地、车辆和对外投资，连银行账户都已被冻结或无余额。这意味着，OFO已成空壳。

2019年中期，环球网援引OFO员工说法称，OFO排队等待退押金的人数已超过1 600万人，需退还的押金总额为15.84亿元至31.84亿元，日均退押金人数3 500人。

据统计，以目前 OFO 退押金的速度计算，全部退完押金需要 82 年。

2020 年伊始的 10 天内，OFO 运营主体被查询到再度新增 9 条被执行人信息，累计执行标的高达 1 009 万元。其中，押金用户、供应商均是讨债主体。

事实上，早有预兆。

2016 年下半年“共享经济”迎来融资热潮，OFO 在一年多的时间里完成 4 轮融资。

2016 年 10 月至 2017 年中期，OFO 获得超过 10 亿美元资金。几乎在出生后 1 岁多，OFO 便化身独角兽。

资本加持，起了高楼。

有了钱，便开始扩张市场——2017 年 OFO 在大扩张期间，花 2 000 万元冠名卫星，1 000 万元请当时风头无两的明星代言……

明星公司不假，但是不是此时的 OFO 逐渐成了“明星”，却忘记了自己是“公司”，2017 年 1 月开始，OFO 开始与时间赛跑，和对手 PK，宣布以“一天一城”的速度在 10 天内密集进入 11 座城市。

后来有离职人员反映，正是这一段牺牲团队建设和价值观引导的“裸奔”，让 OFO 一步步走向毁灭。为了快速发展，站点的经理可以随意申请报销，个人报销的阈值定额竟然是 2 万元以内，网络中也曾有这样的爆料："我是一个城市经理，我可以出差，只要是两万以下的费用，随便找两万发票就能报了，没人管我。"宽松的报销制度在各地滋生了严重的贪腐问题，公司内部很多人盯着这个漏洞赚钱。

一位供应商曾在接受《财经》杂志采访时透露，早在 2017 年末，OFO 就接连拉长账期，先是从 1 个月到 3 个月，后是半年，"OFO 实在拨不出钱"。

管理混乱体现在多方面，抛开 OFO 背后涌动的资本暗流不谈，腐败是管理混乱的重要表现之一。

2019 年底，在北京市运营互联网租赁自行车的企业只剩 6 家。其中有北京摩拜科技有限公司（摩拜单车）、杭州青奇科技有限公司（青桔单车）、上海钧丰网络科技有限公司（哈啰单车）、东峡大通（北京）管理咨询有限公司（OFO 单车）和北京梦想蜂连锁商业有限公司（便利蜂单车）。北京骑骑智享科技发展有限公司（智享单车）自 2019 年 11 月起处于未运营状态。在城市的角角落落，依稀可见不少共享单车的"坟场"。

共享单车公司购买单车、设置密码锁、出租给用户，本质上是一个重资产的出租公司，而不是轻资产的以科技创新驱动的公司。共享单车无疑是一个“重资产”的行业，对于企业来说，创造这样“共享”的商业模式，实则是“采购＋运营”的重资产模式。

重资产模式实在太考验管理了。

现实惨淡，采购单价还是太不透明。目前来看的所有共享单车，公布的采购价在200元至1 000多元不等。

按照供应链的基本逻辑，不含智能锁和GPS的单车，每辆单车的采购单价是300元到400元，部分单车的采购价在200元左右。如果共计投入100万辆，按照300元的成本计算，那么这个单车的采购总额就将达到3亿元！

2015年前后，共享单车的火爆，资本的疯狂，不仅催生了一个生态链，更带火了天津的王庆坨镇。

据政府公开资料显示，在2015年6月，这个小镇光是自行车商铺就有500多家，其中整车企业有160余家，零配件企业有260多家，每年生产的各类自行车达到1 500万辆。实际上，共享单车的盈利模式有很多种，光单车而言，在一个不考虑盗损的理想模型下：每辆单车成本800元，每天用5次，每次1元，那么理想情况下160天就能收回一辆单车的成本。

而对于采购价低于250元的，按照这个模型，50天就能回本了。那么如果800元的车子拿完回扣，成本变成1 000元了呢？回收期就变成了200天，也就是多了1个多月而已。

北京市交通委在官网公布了2019年下半年北京市“共享单车行业”的运营管理监督情况，截至2019年年底，北京市共享单车的总量稳定在90万辆左右。根据监测，北京全市共享单车日均骑行量为127.2万次，平均每辆车每天会被使用1.4次。在“单车泛滥”的2019年尚且有这样的使用频率，那为何那么多单车企业拥有资本加持却亏血而亡呢？

模型跑不通，原因何在？

返点和回扣！

“大量集中火爆的单车采购、毫无管理的单车运营回扣和舞弊”吞噬了盈利空间。

返点、回扣问题是首要的。由于返点、回扣具有很强的隐蔽性，其量化数据多为披露性报道。

目前尚无正式的关于共享单车采购舞弊方面的案例。但从医疗领域被反复多轮整治的“药品采购腐败”现象，我们可见一斑。

根据公开报道，出厂价仅为15.5元的芦笋片，湖南省中标价格为185元，湖南某医院零售价为213元，医生每开一瓶可以拿到80元回扣，占零售价的37.5%。出厂价仅为0.6元的克林霉素磷酸酯，北京公立医院按11元的中标价采购，顺加15%以12.65元卖给患者，医生每开一支回扣达4.4元，占零售价34.8%。再如某市人民医院收受药品回扣事件披露，根据一名医生的回扣单据计算，氨曲南开了197支，每支给4.4元回扣；哌拉西林2 678支，一支给4.5元回扣，医生获得回扣共12 917.8元。这家医院的一名普通医生每个月正常收入在1万多元，而从这张单子上看，这名医生在住院部仅仅开哌拉西林这一种药，拿的回扣就超过了他1个月正常的收入。该药品回扣涉案医务人员39人、药商5人，主动上缴药品回扣款的医务人员高达382人，追缴药品回扣580多万元。

2011年浙江省“回扣门”事件，涉及各大医院的医生200多名；2011年6月13日浙江省卫生厅通报半年来医生主动上缴回扣款、礼卡、礼券、礼品等约1 800万元；2011年2月广东省通报，自2010年12月至2011年3月医生回扣退款3 100多万元；2011年8月重庆药品招标采购腐败案中卫生、人力资源和社会保障部门多名官员涉案；2013 年漳州医腐案，市直区县 73 家医院百分之百涉案，案件涉及全市 1 088 名医务人员、133 名行政管理人员，医药代表已经有 57 人被抓获，医生退赃金额已经高达 2 049 万元；2013 年湖南药品招标采购腐败案涉及官员多名，包括 1 名厅级、4 名处级，涉及 11 个职能部门。此类腐败案件在社会上频繁发生，不胜枚举。

押金管理也是企业出现问题的重要方面。

2017 年，知名财经评论家叶檀在对摩拜单车 CEO 王晓峰的一场专访里算了一笔账，摩拜单车每名用户 299 元的押金，总额共计 28.7 亿元，押金去哪儿了？王晓峰解释了为什么收押金、为什么是 299 元，而对于叶檀反复追问的押金用途问题，却始终未作正面回应，最终的回答是——去问招商银行。

事实上，哪怕共享单车的巨头摩拜和 OFO，以历史融资额度来看，要支撑起几千万的单车数量还是远远不够的，所以，对于押金的语焉不详，正证明了部分媒体的猜测——押金被挪用了。

假设真的如各个公司所宣称的，2017 年共享单车的规模达到 8 000 万辆——我们不管是在国内还是国内、国外总计达到这个数量，以每辆单车 200 元押金来计算，光押金规模就可以达到 160 亿元!

轰然倒塌的创业明星，再次为我们敲响了警钟——腐败和速度是对“孪生兄弟”，腐败就是互联网公司“唯快不破”商业逻辑背后的“组织之癌”。

第五节　互联网科技公司有更高舞弊风险因子

尽管互联网企业的反腐败已经突破了单一企业的范畴，对此形成了行业共识，但毫无疑问，互联网企业拥有更高的舞弊风险。

根据目前较为系统的解释，企业舞弊发生现象的学说——舞弊风险因子理论认为：舞弊风险成因是由个别风险因子与一般风险因子构成；其中一般风险因子包括舞弊机会、舞弊发生的可能性、舞弊惩戒程度三个因子，个别风险因子包括道德品质、动机两个因子。

互联网企业存在着和传统行业相似的商业腐败状态，主要包括职务侵占、非公受贿两种形式为主的权力寻租。

但这种犯罪的结果并不表明互联网企业腐败和传统企业一致，相反，职务侵占和非公受贿的职务犯罪的手段超过 50%，是基于流量和平台的特殊盈利模式、内部相对扁平的部门设置、追求效率和快速反应的企业文化共同作用产生的。这样的特质使得互联网企业延伸出一些新的腐败寻租的形式。

腐败寻租形式和传统行业的腐败行为相比，呈现出寻租手段的隐蔽化、寻租空间的多元化，以及寻租成本的虚拟化等符合互联网企业自身盈利模式的特点。

一是从机会因子来看。互联网企业的特殊发展路径和商业版图的快速扩张，大量风投资金的急剧涌入，给挪用、侵占犯罪留下了大量的隐患。初创时期，“烧钱补贴”作为占领市场的一个主要的竞争手段，风投资金涌入，支持企业烧钱来跑马圈地，在这个环节当中，通过风险资金购买的“商业流量”周转过程通常烦琐、复杂，例如：远超市场平均价格的明星代言费、商业广告费、店铺选址租金等，这些无节制的财务支出，在创业初期，较少受到监管和规范。对比传统企业，互联网企业的职务犯罪的损失性更大。以往传统的职务类犯罪是有实物或现金作为损失限度，较好评估。基于流量权力的互联网企业犯罪，有的涉及公司技术秘密，有的涉及客户个人及家庭信息、有的涉及行为轨迹，有的涉及画像资料等，内部人员通过流量或者数据权力的寻租，给被害企业造成的损失是无可估量的。司法实务部门对这类的“非经济形式的受损”则很难评估认定。个别企业如果丧失客户资源，在融资或者估价上会产生很大间接影响，比一般的传统企业受损度更大。

二是从舞弊发生的可能性看。互联网企业独有的盈利模式，引发的流量争夺战，成为腐败滋生的特别土壤。区别于传统企业，平台用户的黏性和活跃度，直接决定了流量的规模和企业对于商家的话语权。而这种巨大的流量权力，深受商家的青睐，普通管理人员可以通过支配流量影响商家利益，进行“流量支配”权力的寻租和变现。和传统的腐败相比，流量寻租的手段更加隐蔽，第三方的空间也更加广阔，寻租的成本更倾向于虚拟化。它的腐败不仅仅体现在资金链上，还体现在流量这一虚拟过程当中，涉及流量的分配、流量的转化、流量的变现。

三是从舞弊的惩戒程度看。对互联网商业模式的监管滞后，个别人员可以通过有意识地绕过现有监管体制，寻找寻租空间，原有的监管体制和立法保护是在传统商业环境下的实体监管，对内外勾结通过线上增加虚假身份、发放虚假证照、虚拟地址、上传虚假门店照片、虚构幽灵账户等方式的新型腐败，在刑事犯罪罪名认定、金额认定、主客观证据效力认定上相对薄弱。例如：国家立法和监管体系对金融等领域的创新监管相对严格，但对科技企业的创新相对宽容，2015 年之前《刑法》第 253 条之一第 1 款规定的侵犯公民个人信息罪中，其客观方面表现为“出售”或是“非法提供”，直至 2015 年《刑法修正案（九）》才将“非法提供”的“非法”两字删掉，虽然是“两字之差”，但在“罪与非罪”的打击与保护的力度上却有很大不同。因为“非法提供”是指违反国家关于保护公民个人信息的规定，将自己履行职务过程中掌握的公民个人信息，以出售以外的方式提供给他人的行为；而此时将“非法提供”修改为“提供”，体现的是立法者对于公民个人信息的一种绝对的保护态度，同时体现的是对于利用公民信息进行商业数据收集或者非法牟利行为的打击态度。

四是从道德品质和动机看。业务模式的多元化、人员结构的复杂化导致权力寻租多样化、岗位级别分散化。围绕流量进行的商业创新和业务模式变化是互联网科技公司的生命线，在商业模式创新过程中出现了“数据和流量权的新寻租”，如，删除差评帖子、更改网站排名、解封违规账号、恶意刷单等，随着业务模式的多样化，权力寻租形式变得更加多样。相对于传统行业腐败主要是集中在招采环节，互联网企业运营的全过程都有可能出现。贪腐人员的岗位不在于它的高低，因为传统企业的贪腐多数集中于“关键少数”，互联网企业的腐败更大概率与第三方相关，蕴藏于流量变现的全生命周期，且企业由于迅速拓展版图往往忽视对员工职业道德的把关和培养教育，各类岗位包括但不限于运营、商务拓展、采购、市场营销、渠道和物流的执行人员往往思想活跃、转岗频繁，有较高的道德风险。例如：淘宝聚划算的店小二，是淘宝层级较低的职员，在供应链供应商的选择上却掌握着资源分配的权力，发生巨额贪腐的风险极高；同时技术领域也成为腐败的高发区，程序员可以通过篡改数据、窃取数据、利用漏洞等方式，侵犯商业秘密，进行非法获利。

第三章　这场战争怎么打

说战略胜利取决于战术胜利的这种意见是错误的，因为这种意见没有看见战争的胜败的主要和首先的问题，是对于全局和各阶段的关照得好或关照得不好。

——毛泽东《中国革命战争的战略问题》

第一节　反腐没有那么容易，每起案例都有它的脾气

互联网科技企业的腐败形势十分严峻。

依据《2019年度中国企业员工舞弊犯罪司法裁判大数据报告》，针对常见的职务侵占、挪用资金、非国家工作人员受贿等重点舞弊刑事处罚罪名，选取2019年度全国

31 个省（自治区、直辖市）的刑事判例进行详细数据分析。从判例中获取的 2019 年 3 154 例案件中，民营企业的有 2 815 例，占比 89.25%，外资企业有 275 例，占比 8.72%，国有企业有 64 例，占比 2.03%；从行业情况看，发生舞弊案件较多的前 5 个行业为批发和零售业、制造业、商务服务业、房地产业以及信息技术服务业，合计占总数的 73.56%。[①]

互联网公司发展迅速，这些企业在开拓市场中，需要赋予高管、重要岗位员工一定的业务权力，且大多数互联网公司崇尚开放文化，强调结果导向，激励员工创造更突出业绩。

然而，由于面临太多的经济利益诱惑，加之企业反腐和内控方面投入资源精力不足，道德法律警戒线模糊不清，不少互联网公司滋生了一些贪腐现象。近些年互联网公司连续爆出的贪腐事件，揭示了贪腐行为所具有的“隐蔽性强，寻租空间大，个案腐败金额高”的新特征；也暴露出部分公司高管不清楚自己的行为边界，到底是“行业惯例”还是“正常的人际交往”，他们行走在“违法犯罪”

① 平均案值 180 余万，2019 年舞弊案件金额超 70 亿！参见 2019 年度中国企业员工舞弊犯罪司法裁判大数据报告（节选），星瀚微法苑微信号. 2020-10-19.

的边缘还全然不知。

从刑法专业的角度来看，当前互联网科技公司腐败犯罪的典型案例，多集中于“单位行贿罪、职务侵占罪、挪用资金罪、商业贿赂罪、非国家工作人员受贿罪和行贿罪等”。这些腐败犯罪行为看似是企业的内部问题，实则会关系到企业形象声誉，甚至国家战略、经济发展、国计民生。

2014 年 1 月至 4 月间，靳某利用担任北京奇虎科技有限公司安全部网盾运营专员的职务之便，收受网址屏蔽申诉客户好处费 3 万元，并为他人牟利。[①]

一些著名的互联网公司均利用自身优势屏蔽一些不符合互联网安全要求的网站，如国内的 360 安全卫士、百度联盟、QQ 管家等软件均有这种功能。而这种网络监察行为难免会损害到一些不良网站经营者的利益，为了屏蔽对手网站或解封自己被封的网站，他们不惜花钱买通互联网内部工作人员违规操作，这就形成了一种新的权力寻租方式，利用一些人在互联网公司某特殊岗位的工作之便，帮助他人非法解封或屏蔽网站，并从中牟利。

这些“致富途径”，非法网站拥有者通过与互联网内

① 收取客户好处费，360 网盾专员获刑．北京青年报．2015-02-23.

部人员内外勾结，形成一条产业链，牟取暴利不仅损害的是公司权益，更对社会网络环境、国家网络安全造成影响，形成威胁。

正因为提供平台服务，从业人员掌握管理与服务的受委托权力，其腐败行为的共同特性往往是利用这种权力进行设租、寻租。

通过选择性执行既定规则，提供规则内的加速服务或规则外的违规服务等方式，收受贿赂和谋取其他利益，而所有这些行为又以损害企业声誉与利益乃至公共利益为代价，并在程序上未经合法授权、不为上级所知情。

这些行为可能发生在互联网平台服务的全过程当中，而用户注册审批、对用户违规罚则的执行，对影响用户信誉的评价管理等等关键环节，风险尤高。

因此，互联网企业亟须在内部塑造清廉文化，加强内部管理，完善职权监督，建立一个常态化的反腐机制，使得企业的员工做到“不能腐”“不敢腐”“不想腐”。

然而，腐败问题并非某一家公司的特殊情况，而是整个互联网行业的共同问题，因此，反腐败日益成为互联网企业的一大命题。谈起公司腐败，不得不从实践中形式复杂多样，且如同各种交易形式一样不断“推陈出新”的贿赂说起。

一是支付现金贿赂。经营者向可以影响交易的单位或个人支付现金，这是最典型的通过财物谋取交易机会或竞争优势的商业贿赂行为。给予消费卡、购物卡等预付卡的行为一般被视为等同于支付现金。

市场监管部门对于直接给予现金的行为较为敏感，容易被执法部门认定为商业贿赂并予以处罚。现金支付贿赂的案例，不得不从西门子说起。

2008 年 12 月 15 日，美国司法部宣布，德国西门子（Simens AG）及其三家子公司承认违反了《海外反腐败法案》。在承认有罪的同时，西门子将向美国司法部支付 4.5 亿美元的刑事罚金。

此前两天，西门子已经与美国证券委员会达成和解，并支付 3.5 亿美元的罚金。此外，西门子将被德国慕尼黑检察机构处以 3.95 亿欧元的罚金，加上西门子此前被处罚的罚金，西门子就本次全球商业贿赂行为支付合计约 16 亿美元的罚金，成为历史上因行贿而被施以最严重处罚的公司。

前人无暇自哀，而后人哀之。后人哀之而不鉴之，亦使后人而复哀后人也。

2019 年 12 月 7 日，美国司法部公布文件显示，爱立信旗下的埃及子公司承认在 2000 年到 2006 年与其他参与者共谋违反了美国《海外反腐败法》，通过第三方代理商和顾问，以行贿基金、礼物等方式，贿赂越南、吉布提等 5 个国家的政府官员，贿赂金额超过数千万美元，并涉嫌伪造会计记录。

爱立信埃及子公司还承认了在越南、印度尼西亚、吉布提等 5 个国家有行贿行为。爱立信埃及子公司在 2010 年至 2014 年期间，向吉布提政府高层行贿大约 210 万美元，用来获取该国国营电信公司的合约，并且通过伪造收据来掩盖不法款项。

美国当地时间 12 月 6 日，爱立信宣布已与美国司法部（DOJ）签订了为期三年的延期起诉协议（DPA），以解决其在中国、吉布提、印度尼西亚、科威特和越南五个国家违反关于美国《反海外腐败法》（FCPA）的刑事指控。

根据协议，爱立信将支付 5.2 亿美元的罚款，以换取司法部同意推迟对这些指控的起诉，以及会在期限届满时将其撤销的承诺。另外，爱立信还同意解决由证券交易委员会（SEC）提起的有关违反 FCPA 反贿赂条款和会计账目条款的民事指控，并为此支付了 4.58 亿美元的财务制裁，以及判决前的利息 0.82 亿美元。罚款总计 10.6 亿美元（约合人民币 74 亿元）。

西门子、爱立信的主要行贿方式为直接向官员行贿，并借此获得商业机会。为了降低风险，同时增加向官员支付的贿赂金，西门子主要通过各类的“商业顾问”或咨询顾问，以现金形式向官员支付贿金（见图 3－1）。

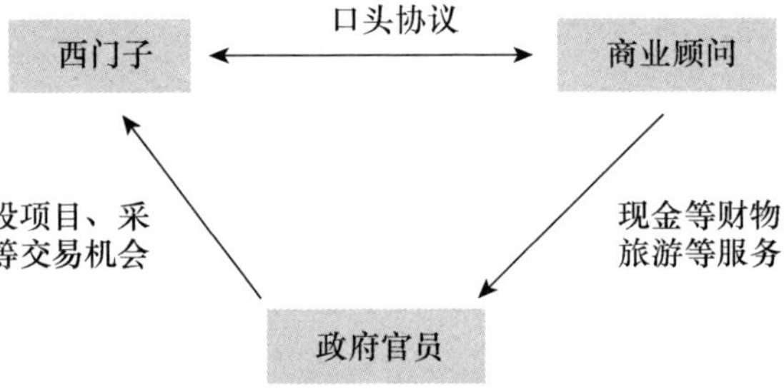

图 3－1　西门子公司的贿赂行为

二是不当返利和奖励。

所谓返利、提成、奖励就能掩人耳目？

2013 年 9 月至 2014 年 4 月，普利司通（中国）投资有限公司以“ECOPIA 销售奖励”名义向零售商给付财物，以促使零售商购买其 ECOPIA 系列轮胎（参见图 3－2）。

截至案发，普利司通已经分别给予 1 275 家零售商价值 386.562 万元的电子购物卡，对应销售 ECOPIA 系列轮胎 223 188 个，共获违法所得 15 114 247.19 元。

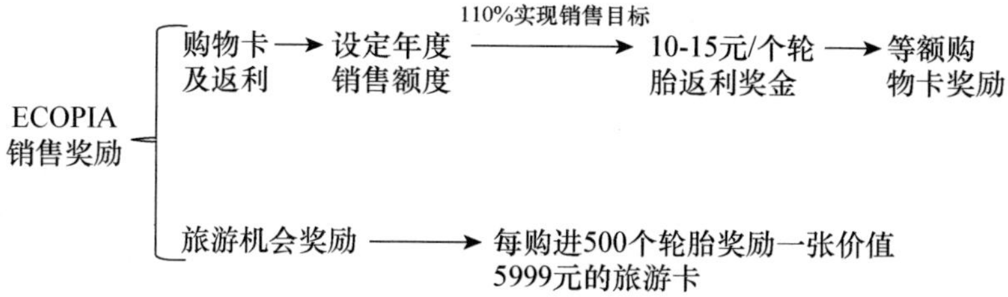

图 3－2　普利司通的贿赂行为

截至案发，普利司通已经分别给予 154 家零售商 460 张价值 275.954 万元的旅游卡，对应销售冬季轮胎 261 876 个，获违法所得 2 280 779.3 元。当事人上述两项共获违法所得 17 395 026.49 元。

上海市工商局检查总队依据《反不正当竞争法》的相关规定，对当事人作出行政处罚：没收违法所得 17 395 026.49 元，并处罚款 15 万元。

三是礼品和回扣。

礼品可以分为风俗礼品、附赠、小额广告礼品和其他礼品。经营者在逢年过节、拜访交易对象或有关政府部门的工作人员、客户来访等情况下，可能赠送相应的礼品。某些公司可能制定有节目公关计划等，向就职于甲方的主管或执法部门的工作人员赠送礼品。这些行为可能被认定为商业贿赂。

市场监管部门在查处案件时，会着重考虑礼品的类型、礼品的市场价值、礼品的累积价值，是否存在现有或潜在的交易关系、是否存在获取交易机会或维持交易关系的意图等。

回扣，是指经营者销售商品或者提供服务时在账外暗中以现金、实物或者其他方式，退给买方单位、个人、买方主管单位人员或经办人员一定比例的商品或服务价款。

回扣既可以用折扣、促销费、推介费、广告费、劳务费、咨询费、宣传费、科研费等名义支付，也可以用赠送实物（产品）的形式给付。

回扣是法律禁止的一种商业贿赂行为。尽管《反不正当竞争法》已经不再用回扣一词表述商业贿赂行为，但是现实中经营者采用回扣方式获取不正当交易机会或竞争优势的行为，还是可能被认定为商业贿赂。

2013 年 1 月至 2014 年 3 月，米其林（中国）公司规定，该公司某 4 个级别的零售商每采购一个米其林轮胎可以获得 80 积分（里程），其他级别的零售商每采购一个轮胎可以获得 60 积分（里程），在促销或是给予特别支持时也会给予积分（里程）作为奖励。

零售商可以使用上述积分（里程）在米其林零售商俱乐部网站兑换包括卓越亚马逊卡在内的一些商品。

2013 年 1 月至 2014 年 3 月期间，米其林向全国 389 家零售商交付并激活了价值 196.3 万元的卓越亚马逊卡。米其林购买卓越亚马逊卡的支出计入公司的“销售费用”科目中并入账，在向零售商交付卓越亚马逊卡时并未向零售商开具发票等凭证，而零售商收到上述卓越亚马逊卡后也未入账。

经审计，上述价值 196.3 万元的卓越亚马逊卡对应 1 963 万个积分（里程）以及 245 746 个轮胎，当事人销售上述轮胎的销售金额（含税）为 154 914 119.8 元，扣除相关成本费用后，当事人的违法所得为 18 442 865.44 元。

上海市闵行区市场监督管理局认为，当事人通过上述手段使零售商增加轮胎的采购和销售量，排挤了其他竞争对手获取交易的机会，且金额较大，足以对正常的市场竞争秩序产生实质影响，其行为违反了《反不正当竞争法》第 8 条第 1 款的规定，属于《关于禁止商业贿赂行为的暂行规定》第 2 条第 3 款所指的商业贿赂行为。依据《反不正当竞争法》第 22 条之规定，该局对当事人作出行政处罚：没收违法所得 18 442 865.44 元，并处罚款 16 万元。

四是虚假捐赠。虚假捐赠，是指商业贿赂行为人假借捐助公益事业的名义，违背公益事业的捐赠原则和要求，以获取交易、服务机会或优惠条件为目的，给予受赠人或特定受益人财物的行为。

捐赠行为会涉及个人、交易对方、中介组织、慈善机构，捐赠物包括现金，也包括实物。不合规的捐赠将会涉嫌商业贿赂。

2012 年 11 月 9 日，某市工商局根据群众举报查实：一家药品公司为了取得市各公立医院克拉霉素药品销售的绝对控制权，以“社会捐赠”的名义向该市药品采购管理中心“赠送”了 12 台惠普笔记本电脑，约定该市各公立医院采购克拉霉素药品时只能采购其提供的某品牌克拉霉素胶囊。事后，药品采购管理中心并未向该药品公司出具 12 台惠普笔记本电脑的收据，但要求市属各公立医院购进克拉霉素药品时，选用该药品公司的某品牌药品。

《反不正当竞争法》所称经营者，是指从事商品经营或者营利性服务的法人、其他经济组织和个人。本案中的药品采购管理中心属无须办理营业执照的事业单位，不得从事经营活动，但其利用在药品交易活动中的特殊身份，非法收取该药品公司的笔记本电脑，并要求市属公立医院采购某品牌的药品，构成非法收受他人财物并为其牟取交易机会的商业受贿行为，属于《反不正当竞争法》调整的不正当竞争行为主体。

药品采购管理中心与该药品公司虽然没有发生直接的药品购销业务，但依据国家工商总局《关于旅行社或导游人员接受商场支付的“人头费”“停车费”等费用定性处理问题的答复》行政解释精神，该药品公司为了取得全市各公立医院克拉霉素药品销售的绝对控制权，给予对药品交易活动具有重要影响力的药品采购管理中心笔记本电脑，属于利诱行为，影响了其他经营者公平竞争。而药品采购管理中心利用其特殊地位和管理权力，非法收取电脑，并要求公立医院采购某品牌的药品，属于非法收受他人给予的财物并为其牟取交易机会的受贿行为。

最终，该市工商局依据《药品管理法》第 90 条规定，对该药品公司的商业贿赂行为作出了处罚；对药品采购管理中心的受贿行为，则依据《关于禁止商业贿赂行为的暂行规定》第 9 条第 2 款的规定予以处罚；对药品采购管理中心利用药品采购管理权限制竞争的行为，建议市人民政府责令其改正。

五是以“培训、旅游”为借口的变相好处。

企业正规的培训是法律所允许的。但是，法律禁止以培训名义行贿。《关于禁止商业贿赂行为的暂行规定》第 2

条第 3 款明确规定，对特定对象（商业贿赂对象）提供国内外各种名义的旅游、考察等行为同样属于商业贿赂。因此，企业在经营活动中，假借培训、考察名义，组织特定对象旅游，则可能涉嫌商业贿赂。

北京时间 2016 年 2 月 17 日凌晨，美国司法部宣布软件制造商、纳斯达克上市公司 PTC（美国参数技术公司）以总计 2 800 万美元的罚款额，与美国司法部和证监会（SEC）达成了不上诉和解协议，以近 3 000 万美金的代价了结了两大部门针对 PTC 公司向中国国企官员行贿事件的调查。

美国司法部门表示，PTC 公司位于上海和香港的两个业务部门以“培训”的名义分别于 2006 年和 2011 年期间，安排中国国有企业员工赴美，名为培训实为旅游，于拉斯维加斯、夏威夷、洛杉矶等旅游胜地安排观光、打高尔夫等休闲活动，并赠送手机、iPod、葡萄酒等违规礼品，共支付约 100 万美金的相关费用，并伪装成为佣金或业务费用。PTC 公司以此方式获得了来自中国企业超 1 300 万美元的商业合同。

即使不是组织旅游，而是借培训、科研等名义，通过旅行社等第三方机构向特定对象支付机票、食宿费用、培训费用等等，也可能涉嫌商业贿赂。

六是餐饮娱乐和特定情况下的接待。

在特定情形下，提供餐饮娱乐等消费性项目的行为也可能被认定为商业贿赂。

通常，商务宴请不会构成商业贿赂。商务宴请与商业贿赂最主要的区别在于行为主体是否意图通过向相对方提供餐饮娱乐，以获取不正当竞争优势。

福州某文化传播有限公司为获得更多交易机会，在业务洽谈和后续跟进过程中委托宁波某传媒有限公司员工程某等人，通过提供广告代理费一定比例的经费，针对客户经办人以吃请娱乐、赠送消费卡券、礼品等形式进行客情维护。

经营者宴请政府官员或执法部门工作人员、提供餐饮的同时附带不适当的娱乐活动等行为可能构成商业贿赂。

七是“干股、虚假诉讼、以借为名”。近年来，贿赂犯罪的手段层出不穷，除了传统的直接钱权交易外，最近又出现了入干股、虚假诉讼、以借为名等多种受贿方式，给受贿行为披上一层“合法”外衣，给案件查办带来了新的挑战。

行受贿案件多采取“一对一”的方式进行，作案时一般没有第三人在场，外人很难知道内情，而且行受贿双方形成了利益共同体，很难突破案件。

美团原员工邹某在担任外卖渠道部区域经理期间，利用手中权力，为代理商在引入、考核中提供便利，于2017年至2018年间，多次通过直接索要、入干股等形式向辖区内代理商索要、收取贿赂，短短两年时间，其受贿金额逾百万元。

关于邹某在代理商处入干股的行为性质，有两种观点，一种观点认为不构成犯罪，根据最高人民法院、最高人民检察院《关于办理受贿刑事案件适用法律若干问题的意见》之规定："国家工作人员利用职务上的便利为请托人谋取利益，收受请托人提供的干股的，以受贿论处。"这里明确规定收受干股构成受贿的主体是国家工作人员。对非国家工作人员收受干股的行为无法律的明文规定，根据罪刑法定原则及刑法的谦抑性，对邹某不宜认定为非国家工作人员受贿罪。另一种观点认为，邹某入干股的行为当然构成非国家工作人员受贿罪，其入干股行为只是一种新的受贿手段，并不影响其构成犯罪的本质。

反腐实践中，邹某入干股的行为和其职权便利密切相关。首先，正是因为他的职权对代理商业务有重大影响，代理商才给其干股。其次，收受干股本质上就是收受贿赂。因为干股完全可以用金钱衡量。再次，邹某为其入股代理商谋取了利益，根据邹某对代理商调整任务数据可以清楚地看到，邹其对给其送干股的代理商，多次下调任务指标，且给这些代理商积极创造新的代理机会。反之，邹其对未给其干股的代理商，则上调任务指标甚至清退代理权。综上，邹某行为完全符合非国家工作人员受贿罪的构成要件，当然构成犯罪。

第二节　凡是过往，皆为序章

2010 年之前，互联网科技公司很少有自己的反舞弊调查机构，一般都是设置一至两名调查人员在财务部或审计部下面，发现问题，往往开除了之。这期间，腐败被认为是家丑，不会对外宣传，也很少移送司法机关处理，处理方式多为内部警告、严重者予以辞退。企业内部管理层没有形成贪腐行为对企业长远发展会带来破坏性影响的认知，也没有引起充分的重视。

互联网企业的反腐萌芽阶段从 2010 年到 2015 年，这一阶段的突出特点是“被动反腐、点状反腐”。

2010年随着我国互联网的迅速普及和大力发展，率先成为上市公司的诸如BAT等巨头平台快速成长，一系列内部舞弊或贪腐行为开始影响企业的良性发展，并动摇经营根本。

从创业向守业的过渡中，头部互联网企业开始不断加强对贪腐行为的打击力度。但此时的反腐多是为了应对披露和上市公司合规要求被动反腐，或者公司战略需求的政策反腐，主要集中在一线互联网公司的反腐行动和披露操作。

以下为此阶段互联网公司披露的典型案件。

2013年，阿里巴巴旗下聚划算前任总经理阎某某受贿案宣判，阎某某在聚划算工作期间，先后于2011年4月17日、10月27日两次收受杭州某科技有限公司法定代表人万某为感谢其关照而购买的两辆轿车，总计价值53.8万余元。判决书显示，阎某某因非国家工作人员受贿罪，被判处有期徒刑7年，违法所得继续予以追缴。聚划算前员工柴某、孔某某、白某，前淘宝天下员工柴某等涉案人员获刑1年至5年不等。[①]

① 刘夏．阿里聚划算前总经理阎某某受贿一审判7年，新京报．2013-08-09.

2014 年，百度向全体员工通报了 2014 年初“阳光职场”行动以来查处的 4 起涉嫌职务侵占、商业受贿的重大职业道德违规行为。百度游戏事业部原总经理廖某、搜索资源合作部负责人王某某、品牌展示广告部经理陈某、展示广告运营规划部客服主管林某某、联盟发展部总经理马某某因涉嫌商业受贿或职务侵占被公司解除劳动合同。[①]

2015 年 7 月 9 日，腾讯公司通报了一起严重违规事件。调查显示，多名在线视频相关业务员工存在贪污受贿行为，触犯了公司“高压线”并涉嫌违法。在一次常规内部审计过程中，公司发现视频内容采购过程存在疑点，随即报案。公安机关侦查后认为涉及贪腐，当事员工勾结视频供应商抬高采购价，从中大肆渔利。从 2014 年开始，先后已有五六名涉事（前）员工被警方逮捕。[②]

互联网企业的反腐发展阶段从 2016 年到 2018 年，这一阶段的突出特点是“先行先试、主动出击”。

随着 4G 技术纯熟商业化，2010 年之后互联网行业迎来井喷式高速发展，但随着商业版图的不断扩大，互联网

---

① 百度内部邮件披露 4 起反腐案件. 新浪科技，2014-11-10. tech. sina. com. cn/i/2014-11-10/doc-iavxeafr4574705. shtml.

② 邢丙银. 腾讯证实在线视频员工涉贿案牵出前高管、现阿里副总裁刘某某，澎湃新闻. 2015-07-09. www. thepaper. cn/newsDetail_forward_1350780.

企业围绕“流量权利”的寻租空间不断扩大，腐败土壤越发肥沃。此时，处于“次头部”地位的互联网企业，以京东、美团、小米、字节跳动、58集团等企业为代表，逐渐认识到抢占先机赢家通吃固然重要，但如果不打击内部的硕鼠、扎紧监管的笼子、形成廉洁合规的文化氛围，长远发展必会受到内部腐败的拖累，甚至走向衰亡。

经过2016年一年的探索和积累，互联网反腐圈出现了具有划时代意义的典型事件——2017年2月，由京东、腾讯、百度、沃尔玛中国、宝洁、联想、美的、小米、美团、唯品会、李宁、永辉超市等知名企业以及中国人民大学刑事法律科学研究中心共同发起倡议，共同打造“阳光诚信联盟®”品牌，积极倡导企业诚信经营，营造阳光、诚信的职场氛围，推广廉洁与合规的文化，共同营造阳光、透明的商业环境。

截至2021年1月，阳光惟诚服务平台的会员单位已经有超过500家企业成为“阳光诚信联盟®”品牌会员。其中互联网企业260余家，占比超过50%。

京东集团通过专设的“廉洁京东”微信公众号，定期通报公司内部的反腐败进展。从2016年12月至2018年8月，已通报内部腐败事件24起。其中大部分是运营人员收受贿赂，凡涉腐人员均予以辞退，严重者移送司法处理。

美团的反腐公告始于 2017 年 5 月，当时通报了 10 起反腐败打黑产刑事案件。其中，实名通报员工 9 人、典型不良商家 2 人、骑手 1 人，涉及诈骗罪、非国家工作人员受贿罪等，并包括了收受合作商家贿赂、欺骗商家、骗取用户个人信息、刷单骗补贴等行为。2017 年 8 月，美团发布了第二次反腐公告，通报 9 起打击网络黑产及反腐败的刑事案件，案件涉及诈骗、虚假刷单等行为，涉案员工及商家均已被检察院批捕或被警方刑事拘留。

2018 年 11 月，58 集团合规监察部以邮件形式对内部员工通报：经合规监察部调查，58 同城渠道事业部原高级副总裁宋某、渠道事业部原总监郭某等人，涉嫌利用职务便利非法收受代理商财物，数额巨大，影响恶劣。公司已将此案移至公安机关处理。

自此，互联网企业反腐逐步进入学界、公众的视野。它既开辟了互联网企业反腐败这一细分领域，也创新了企业反腐的方式方法。考虑到民众越来越离不开互联网服务，互联网企业在社会生活中的地位与作用越来越重要，互联网企业反腐应该得到更多的关注，也应该展现出更大的成效，体量庞大的民营互联网企业已经成为我国反腐败阵营的重要力量。

互联网企业的反腐成熟阶段开始于 2019 年，在这一阶段，众多互联网科技企业已经达成了“有腐必反”的行业共识。

2019 年是互联网行业反腐部门“井喷式”发展的一年。

调研发现“阳光诚信联盟®”品牌会员企业在 2019 年有如下特点：一是会员企业的变化，2019 年成为会员的企业数是最多的；二是初创期、发展期成为会员的企业数量，2019 年是最多的；三是会员企业 2019 年设立的反腐败部门健全程度最高。

从民营企业披露腐败案件的情况看：头部互联网企业“查处一起公告一起”的不留情面方式，让越来越多的民营企业开始正视自身腐败问题，逐步主动公开披露违规违法犯罪典型案例。

2020 年 1 月 15 日，东方希望集团发布 2019 年监审工作通报，东方希望集团 2019 年办结 61 个严重舞弊案件，开除员工 98 人；发现 58 名客户舞弊，向客户追索诚信违约金 1 088 万元。

2020年1月14日，房多多监察审计部披露：2019年发现并对违反“高压线”案件进行查处，有5人因触碰“高压线”被辞退。

2020年1月14日，顶呱呱集团发布2019年反舞弊通报，85人被开除，3人被移送公安机关。

2020年1月2日，TCL公布了2019年反舞弊通报。2019年，TCL共查处触犯“红线”案件23宗，其中37人被开除，4人因涉嫌违法犯罪被移送司法机关。通报还公开了八宗反腐典型案例，以及永不合作范围的供应商“黑名单”。

2019年开始，越来越多的企业选择采取“敞开大门搞反腐”“零容忍”“轻则开除，重则移交司法机关”“通报一起、教育一批、督导一方”、反腐动态适时向社会公开披露等一系列“组合拳”。这些做法引发强烈的社会关注和舆论点赞，非但没有引起公司声誉受损，反而更加彰显和塑造了企业的形象。中国互联网科技公司已从观看党和国家“打虎拍蝇”的旁观者，变为撸起袖子向内部“硕鼠巨蠹”宣战的守卫者，为越来越多的行业后来者作出了榜样。

第三节　明确出发点

互联网科技企业对腐败的态度和策略，起始于创始人对贪腐问题的认知，也服务于企业的价值理念。

到底想要成为一家怎样的企业?

相对于出生在 60 年代的马云、雷军等，出生于 1970 年至 1980 年的周鸿祎、刘强东、马化腾、姚劲波、张一鸣、王兴等创业公司的领导者对反腐的态度更加明确。他们执掌下的公司反腐部门与公司成立时间间隔更短，反腐部门的地位也更加独立和专业。

这样做一是对外界表明严厉打击内部腐败的态度，树立企业的正面形象；二是对内震慑其他员工，以儆效尤；三是表达股东财产的保护意识和受托人的责任意识。

京东给出的答案是一家“正道成功”的企业。于是“正道成功”的大旗之下，京东对腐败始终保持着清醒的认识。京东创始人刘强东强势反腐的态度让人印象深刻：“如果公司怀疑你贪了 10 万块钱，就算花 1 000 万调查取证，也要把你给查出来。”“虽然贪污腐败的员工是凤毛麟角，但我哪怕一年只抓一个人，我就要投入 3 个人的力量，不是我为了他贪污我的钱，而是这是我创立公司的梦想。”“这不是我狠，是因为你做的事情完全违背了我的价值观，颠覆了我的梦想。所以，别说几万块钱，几千块钱，就是你敢拿一分钱我也一定把你开掉，我不会跟你讲任何感情，我不会有一丝一毫的犹豫。”①

京东集团致力于为合作伙伴营造公正、公平、阳光、透明的营商环境，将假货和腐败视为永远的死敌，初创时期便确立了“正道成功”的经营理念。于是，京东是行业内最早的、系统的、实名、主动披露员工职务犯罪的企业。受访员工表示：“在京东，任何员工违反京东集团反腐败条例的行为都会导致解聘并实名公告，同时会录入失信名单系统，涉及刑事犯罪的，将移送司法机关处理。”

毕竟创业与守业不是请客吃饭，不是做文章，不是绘画绣花，不能那样雅致，那样从容不迫，文质彬彬……因此要在竞争中取胜，必须像猎豹一样扑向目标，并调动全部的力量，用速度、机敏和冷酷去赢得竞争的胜利。

创始人对一切贪腐零容忍鲜明态度，是一种自我革命的勇气、一种强势高压的情感、一种彻彻底底的憎恶。

---

① 陈琼珂. 刘强东反腐为什么这么狠，“你敢拿一分钱我也一定把你开掉”，解放日报·上观新闻. 2017-08-09.

这样一种鲜明的态度成为京东反腐战略胜利的气场。这样勇气的来源是治理者关于怎样才能做一家成功企业的价值判断、深刻思考、经验总结。

相比实物资产占比高的传统企业，以及自建物流供应链的平台型互联网企业，以字节跳动为代表的互联网科技“独角兽”价值逻辑有着明显“个性”：鼓励创新、创造，信奉“情景而非控制”；轻资产、现金多，虚拟资产为其主要形式；资产负债率低，融资占比高；大量、小额、高频的交易，销售、广告费用高；周期短、迭代快、盈利模式不断变化。如何在保持企业高速发展的同时确保企业内控合规，不发生贪腐问题，是字节跳动一直在思考和探索的内容。

字节跳动公司创始人张一鸣善于平衡公司业务发展速度与廉洁，张一鸣对这一问题有十分独到的见解和清醒的洞见：“我从创业初期，就开始思考一个问题，为什么有些公司发展到一定阶段就停滞不前了。腐败对一个公司有效的激励产生杀伤力的，不仅是内部的工资、奖金、期权的不合理发放，还有廉洁文化的失效。内部廉洁文化失效会让一个公司内部的合作整体从正和博弈跌到负和博弈。”

2018 年 11 月 19 日对于 58 集团是个特殊的日子。

58 集团合规监察部以邮件形式对内部员工通报，经合规监察部调查，58 同城渠道事业部原高级副总裁宋某、渠道事业部原总监郭某等人，涉嫌利用职务便利非法收受代理商财物，数额巨大，影响恶劣。公司已将此案移至公安机关处理。[①] 终于，已经赴某财税公司担任 CEO 的宋某，没能逃脱法律的制裁。

渠道就是信息分类网站的生存之道。2012 年，宋某加入 58 同城，任职 58 集团副总裁，负责渠道事业部，凭借渠道管理经验及对客户的了解，宋某用了不到 2 年便完成全国销售渠道的开拓和建设工作。

2013 年 3 月，宋某加盟 58 同城 1 年多后，宋某给姚劲波交出的成绩是 58 同城在渠道业务上的收入同比增长了 300%，凭借出色的战绩和在 58 同城与赶集网的 PK 中的重要贡献，宋某也晋升为 58 同城高级副总裁，负责 58 同城全国渠道事业部，主要管理国内及海外的渠道代理商，58 同城一度也市值接近千亿元。

在此之前，也有业界大佬、宋某的前老板为他向姚劲波求情。“老姚，宋某是犯了事，我们公司对这种事也是

① 黄盛. 58 同城原高级副总裁宋某涉嫌受贿被拘，人民网. 2018-11-20.

零容忍。但宋某跟过我，你就帮帮他，别处理了。”姚劲波当时就回答，“你零容忍，我这就不零容忍？想想58所服务的亿万用户，我们必然要对努力工作、简单可信、正直的人负责任。”①

第四节　找准出血点

舞弊三角理论认为，企业舞弊的产生是由压力（Pressure），即：经济压力、好恶压力、其他压力等；机会（Opportunity），即：缺乏发现企业舞弊行为的内部控制，无法判断工作的质量，缺乏惩罚措施的震慑，信息不对称、能力不足和审计制度不健全等；自我合理化（Rationalization），即：企业舞弊者必须找到某个理由，使舞弊行为与其本人的道德观念、行为准则相吻合，无论这一解释本身是否真正合理，例如：“就是第一次”“某某如此也不会被发现”等。

由于商业模式、盈利模式、舞弊风险、人员规模等多个方面有显著不同，舞弊三角的“形状”存在明显差异，都不是“等边三角形”，企业在建设廉洁体系上通常没有

① 杨倩. 58抓“鬼”，中国企业家. 2019-09-05.

追求大而全，而是突出阶段性特点，逐步进行迭代和升级，在不断优化和匹配商业运营过程当中进行动态调整。

一是需要从舞弊三角理论出发，建立四大核心模块：廉洁教育、风险预防、监督监察、调查应对，力图通过这四个模块的建设，实现“不想腐、不能腐、不敢腐”的三个目标。在具体的理论实践中，通过对本企业腐败发生的三要素进行分析，结合自身的发展阶段设定了监督的宽度和广度，找到与商业模式、发展阶段相适应的反腐败重点。例如：京东集团是较为典型的平台型互联网公司，由于平台作为卖场存在，一些如采购、运营等的岗位出现寻租贪腐的机会较大，因此京东不断织密不能腐的体制机制，在与腐败者的不断博弈中形成了“制度织密型”反腐体系；小米集团的“粉丝文化、兄弟文化”对其反腐理念有深刻影响，创始初期的“爆款”“饥饿”营销模式对商品价值的传达更加柔性，因此小米集团重点在预防上下功夫，让更多员工因文化感召而“不想腐”，从而建立了全球廉洁信息系统，作为廉洁合规文化的载体。

二是高度专业性的反腐团队。虽然在反腐部门的名称上有一定区别，但从事反腐败及内控工作的人员均具有较高的专业性。经统计，反腐败部门应届生入职比例较低，通常从业年限为3～5年，平均年龄在27.4岁，70%员工大都有过公检法机关、四大会计师事务所及其他专业机构的从业经验。负责“不敢”的团队，主要从事职务犯罪调查工作，平均人数在31.7人，相当于地市级经济犯罪侦查大队的人数，公检法背景的占比超过60%，其余人员主要是在其他互联网公司从事商业舞弊调查的人员；负责“不能”的团队，四大会计师事务所的占比超过50%，主要业务领域是审计、风险咨询、内控流程等；负责“不想”的团队，掌握数据挖掘和编程技能的员工占比较高，也有人力、企业文化传播背景的人员，通过内部遴选、横向交流、同行交流的方式入编。

三是相对独立的管理条线、严肃审慎的处理程序是舞弊三角理论得以运行的重要保障。京东集团的监察部、小米集团的内控内审监察部在公司的职能部门体系中具有特殊的独立性，监察部的工作直接向集团CEO汇报。字节跳动采取查审分离的体制机制，将员工的处分权力上收至职业道德委员会，处理意见通过集体研究研判。京东集团的监察部是唯一被授权进行腐败调查的部门，拥有公司全部资料和信息系统的查阅权，依规独立行使调查权，其他任何部门及个人都不能干预及限制；小米集团的内控内审监察部通过设计严格的调查流程，加强信访举报和问题线索的全生命周期管理，保证舞弊调查的严肃性、审慎性；字节跳动的内审风控部只负责查清事实，对问题员工的定性和处理则无权作出判断。以腐败问题线索的调查处置为核心，构建不敢、不能、不想的腐败治理机制，对应舞弊三角论形成舞弊的三要素，三家企业均从治理结构层面采取有效的措施，保障了举报受理和调查工作的独立性、严肃性、客观性、有效性。

第五节　形成发力点

不论企业多大，其根本属性是符合经济规律的市场组织，资源的有限性构成了反腐的线性约束，也决定了企业反腐与从严治党、国家监察等的资源性区别。

以京东、小米、字节跳动为代表的公司，分别深耕电商业务与新零售平台、物联网智能硬件制造、社交内容平台，也分别代表了美股上市企业、港股上市企业、高估值独角兽创业公司，能够长时间获得市场认可，说明其公司治理能力符合商业逻辑，支持其盈利发展或者受到投资者看好。

这三家典型代表不仅是商业模式，他们在反腐败与内控方面行之有效的方法同样值得研究，其共同的特征是立足企业当下需要，从“不敢”“不想”“不能”三个方向出发，围绕业务需求和商业模式，回答了应对企业腐败威胁的方法。

创办时间最早、员工人数最多、资产最重的是京东集团，作为拥有超过 30 万名员工且跨行业、跨省市、跨国境的互联网基础设施，宛如公路、铁路一样的基建平台，京东集团用商业平台和自建物流体系链接着商家和亿万消费者，业务场景上千个，环节上百万，线上与线下交织、实体与虚拟交织，在企业内部权力集中的部门，腐败的滋生几乎难以避免。

在这样一种商业环境中开展反腐败工作，京东探索出利用“经济杠杆”的激发作用，构建起一套奖罚联动的制度反腐体系，并通过不断织密“不敢腐”的配套制度，鼓励和引导京东员工、供应商及其他合作伙伴，乃至整个社会参与到京东集团正道经营的营商环境构建之中。在研究京东集团的反腐败策略中，要特别注意它鼓励举报和 ABC 追责制度在反腐体系构建中的价值。

小米集团的反腐策略突出职务犯罪的教育与预防，内控内审监察部输出廉洁文化的信息化产品，包括廉洁信息平台、避免利益冲突系统、E-learning廉洁在线培训，在“治未病”上下功夫。在廉洁举报、申报、培训行为过程中传递培育“不想腐”价值观，渗透公司治理中的风险管理、舞弊治理等方面的内容，防止员工职务违规违法和陪伴员工廉洁成长。

小米的廉正举报平台一方面是受理及处理国内、境外不廉洁不诚信行为举报，另一方面对举报来源、举报信息的质量等方面进行控制；为进一步将员工不廉洁行为预防工作前置，使所有员工对公司忠诚、维护公司利益，在为公司工作的过程中，不夹杂任何利益冲突，小米集团内控内审监察部开发了“利益冲突系统”，用以约束员工行为，以避免个人利益与公司利益发生冲突。小米公司要求员工应以诚实、合乎道德的方式从事小米的业务；在举报有关廉洁问题以及报备可能出现的利益冲突的基础上，小米集团开发了E-learing廉洁在线学习系统，要求并监督全体员工完成在线培训，根据员工岗位的廉洁风险开发不同层级的培训内容。员工可以灵活安排学习时间，在电脑端、手机端找到相关模块，随时随地完成学习计划并进行考核。在研究小米集团的反腐败策略中，要特别注意小米的柔性企业价值观对于其反腐败策略的影响，关注企业价值观和反腐败组织采取的方式之间的内在联系。

字节跳动的反腐策略基于App的制造、使用、管理过程背后的技术，基于线上业务和独特的算法优势，通过机器学习和算法驱动进行反腐，开发了智慧化审计系统，以“24小时”的系统化工作形成了“不敢腐”的震慑。在他们看来，如果输入与输出关系足够明确且可量化，精准推荐背后的数学和算法模型完全可以用于输出问题线索。

反腐败是一项系统工程，更是一场持久战，具有长期性、复杂性、艰巨性，仅凭领导层的推动和内部反腐机构的努力还远远不够。调研发现：虽然三家公司在反腐败调查形成不敢腐震慑、织密制度体系扎紧不能腐笼子、传播廉洁文化营造不想腐氛围三个方面均进行了较好尝试，但每家公司基于自身业务特征和企业发展阶段，在廉洁文化、打击犯罪、制定制度上并非均匀用力，而是根据其廉洁风险点匹配了有所侧重的核心反腐策略，呈现出各自与众不同的“个性特征”。

电商业务与新零售平台、物联网智能硬件制造、社交内容平台的互联网创业公司，以三家典型公司为代表已经进行了深度的实践探索。三类不同互联网科技公司，不论是战略逻辑、利润来源、反腐重点、企业组织建设还是文化价值观方面均存在较大差异，他们构建的反腐败体系、队伍，选择的反腐着力点和策略也存在很大不同，但均是互联网企业反腐的成功实践和探索，对其他不同类型互联网企业构建反舞弊体系具有一定借鉴意义。

第四章 “三不”策略的典型运用

“不敢”是前提，失去了高压震慑，纪法规定、思想教育就是空中楼阁；“不能”是关键，缺失了制度和监督，就会“牛栏关猫”、为所欲为；“不想”是根本，离开了党员干部的自觉自律，“不敢”“不能”的效果就会大打折扣。①

——中央纪委国家监委网站

党的十九届四中全会明确要求，坚持无禁区、全覆盖、零容忍，一体推进不敢腐、不能腐、不想腐，营造风清气正的良好政治生态。十九届中央纪委五次全会进一步提出，一体推进不敢腐、不能腐、不想腐战略目标，深化

① 推进新时代纪检监察工作高质量发展之九，一体推进不敢腐不能腐不想腐. 中央纪委国家监委网站. 2021-01-19.

金融、国企、政法等领域反腐败工作。围绕“公权力”开展的党风廉政建设和反腐败工作战略越来越明确、战场越来越深入、战果越来越显著，全面从严治党在“四个全面”战略布局中的引领保障力量持续释放。

与党和国家反腐步伐相一致。互联网科技企业也应当紧紧围绕“流量支配”权力的寻租和变现过程开展腐败打击工作，内部的监察部门，应顺应大势、借势用力，保持相对的独立性和权威性，争取被赋予监察部门实权和独立于管理层的自治权，并给其配备充足人力和财力资源，以令其可以有效构筑腐败治理体系。

在互联网科技企业构建“不敢、不能、不想”的反腐机制可以保障企业市场经营活动的顺利开展，监督规范财务运作真实性、合法性，内部流程的合规性、顺畅性，经营运营的高效率、低损耗，文化氛围的透明化、廉洁性，确保企业在经营中出现的错误和积弊得到改正，同时保障企业各项资产安全并有效降低涉外反腐调查和刑事风险。特别是对跨国企业、大规模集团型企业尤为重要。是否能够根据企业实际情况有针对性地构建“三不”机制，是公司能否有效应对腐败问题的核心，也是企业修炼行稳致远内功的重要环节。

以京东、小米、字节跳动为代表的三家企业能够完成从初创、拓展、扩张、成熟期的蜕变，抵挡住了“组织之癌”对企业的侵蚀，充分说明它们采取了有效的反腐败和内控手段，避免了创业型互联网公司容易产生的贪腐和内控失效问题，对于互联网企业如何行稳致远进行了有益的实践探索。

第一节　对标合适的企业类型

经过十余年的尝试、积累和酝酿，成功突围的互联网企业从刀口舔血的内外部战争中不断壮大，不断总结并反思成长，他们开始重视高速成长背后悄然孕育的危机。

于是，他们在打破传统零售业、制造业、服务业、信息技术产业边界的同时，也形成了与从严治党、国家监察、制造型企业反腐既一脉相承又独具特色的反腐方法论，开辟出具有中国互联网科技企业特色的“反腐流派”。

第一类以京东集团为代表。该类企业的典型特征是以创造商业基础设施构建网上卖场，通过商家在网上卖货，买家在线上购物的方式连接商家与消费者，创造商业价值。按照这样的分类，以“阳光诚信联盟®”品牌会员企业为例，类似或近似商业模式的企业还包括：唯品会、美团、滴滴集团、58集团、聚美优品、得物、小红书、当当网、蜜芽网、蘑菇街、每日优鲜、叮咚买菜、携程、同程、驴妈妈、途牛、智联招聘、土巴兔等60余家企业。

京东集团之所以更加典型，其原因在于京东“电商公司”特征更加明显，其营利模式是在网上卖货，京东自营+物流自建，相对于拼多多和淘宝在供应链和物流上核心能力更典型，相对于唯品会和蘑菇街等专注于单一品类的公司规模更大。

第二类以字节跳动为代表。该类企业通过数字内容技术与数字联接技术支持用户进行内容生产与消费，进而通过用户社交网络拓展与共享式价值获取、“智能+人工”内容推荐、内容生产者赋能等其他创新策略与手段促进用户参与，是一种全新的互联网商业模式。按照这样的分类，阳光诚信联盟类似或近似商业模式的会员企业还包括：腾讯、百度、快手、新浪微博、喜马拉雅、知乎、虎扑、蜻蜓FM等40余家企业。

字节跳动之所以更加典型，其原因主要在于字节跳动的核心技术——算法技术，它不仅仅能够运用于商业模式，也运用于内控、内审及监察的场景，是数据驱动的AI反腐技术典型代表。

第三类以小米集团为代表。该类企业是以（AI＋IOT）战略为典型特征，将科技创新、高性价比的小米模式延伸至手机周边配件、智能家居、生活消费品等领域，属于智能制造业，是一种较为典型的互联网商业模式。按照这样的分类，阳光诚信联盟类似或近似商业模式的会员企业还包括：科大讯飞、大疆科技、联想、美的、360、美图、极米、舒可士、涂鸦智能、旷视科技等30余家企业。

小米集团之所以更加典型，是由于其互联网化的商业逻辑，不同于传统的制造型企业，小米的终端设备硬件毛利率较低，不同于苹果、三星等公司依靠硬件销售，小米利润来源于互联网服务和生态链产品，以互联网为核心的智能制造特征更加显著。

三类不同的互联网科技公司，不论是战略逻辑、利润来源、反腐重点、企业组织建设与文化价值观方面均存在较大差异，他们构建的反腐败体系、选择的反腐策略也存在很大不同，但均是互联网企业反腐的成功实践和探索，对其他不同类型企业反舞弊体系搭建具有一定借鉴意义。

因此，围绕企业阶段性廉洁风险点，在有所侧重的基础上把握内在联系、系统谋划设计，才能形成不敢腐、不能腐、不想腐的一体推进、同向发力的生动局面，更好地为企业永续经营、守正创新、行稳致远提供有效支撑。

第二节 设计合理的反腐组织架构

基于企业的商业模式、企业治理者对腐败问题的态度和企业治理腐败的目标，京东、小米、字节跳动三家公司，设计了截然不同的反腐部门架构。

作为电商业务与新零售平台、美股上市企业，京东在2009年成立了监察部，并于2011年底设立审计部，二者合并成立审计监察部，主要承担企业的独立调查和腐败预防工作。2012年11月，审计监察部正式改组为内控合规部，下辖腐败调查组、内控审计组和腐败预防组三个直属部门。三部门在职能上各有分工，协同配合，构建起一套集调查执法、风险防控和宣传教育三位一体的反腐败治理体系。(参见图4-1)

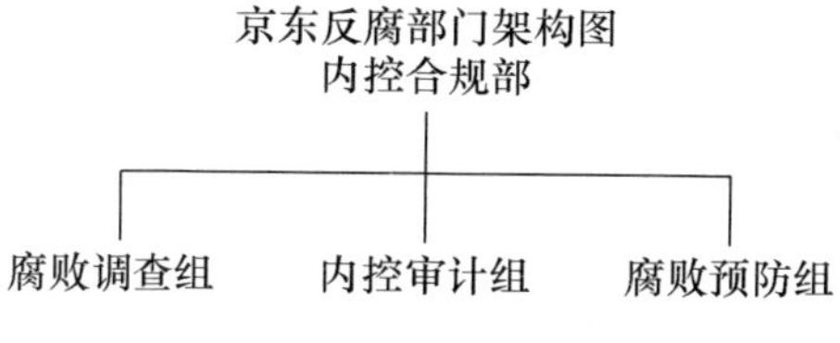

图4-1 京东反腐部门架构图

调查组主要负责腐败案件的查办，以调查核实内部腐败事件的事实为目标，并对涉事人员和商家按照《刑法》《京东集团反腐败条例》等内外部法律和制度进行处理；内控审计组负责内部审计，以审计方式加强企业内部控制和关键环节管控，同时应用审计结果，督促整改，实现审计监督闭环；腐败预防组主要是廉洁文化营造，对腐败高风险条线、环节、业务部门以及第三方进行宣传和培训，使得员工和合作伙伴“不因无知而犯错”，让每个人都参与京东“正道成功”的监督体系。

小米作为物联网智能硬件制造企业、港股上市公司，反腐体系遵循 COSO 框架（参见图 4－2），以“三道防线”模型搭建监督体系，融入监督文化，并在实践中不断完善反腐败组织结构。

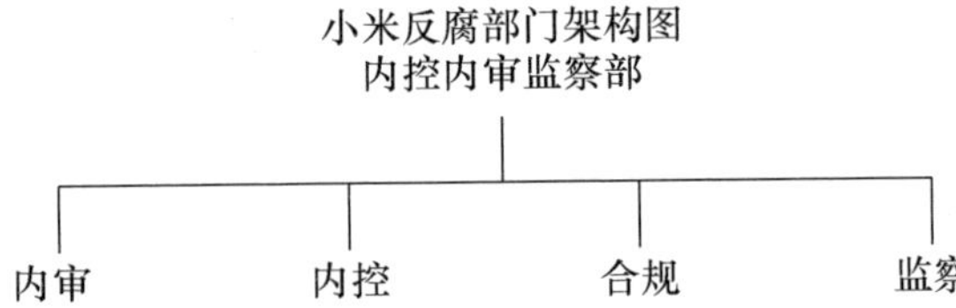

图 4－2　小米反腐部门架构图

小米最突出的特色是将监督责任分散到三道防线的各个部门之中：由业务职能部门组成的第一道防线，负责采购、设计、运营，是落实风险防控具体控制措施的首要责任人；内部控制、合规管理组成了第二道防线，负责实施综合风险管理及内部控制系统，根据腐败以及其他合规风险点制定策略、政策，协助并监督第一道防线制定及改善控制措施，并在这个过程中给第一道防线培训合规文化、传递廉洁风险防范第一责任人意识；内部审计及监察是第三道防线，也是最后一道防线，由内部审计及监察部门负责实施。

内部审计及监察团队均有相对高度的独立性，调查工作具有高度保密性，内部审计团队负责评价公司风险管理及内部控制系统的成效，并监督管理层不断完善风险管理及内部控制领域；监察团队负责接收举报人的报告，开展调查工作，并直接向审计委员会报告。依据以上模型，小米集团成立了内控内审监察部，分为内控、内审、合规及监察 4 个团队。各个团队相互分工，高效协作，共同为公司的持续健康发展保驾护航。

字节跳动的内审风控部成立于 2016 年年初，距离字节跳动成立仅仅 4 年，在公司不足 2 000 人时就成立了反腐败部门，伴随公司从单一 App、到多 App、到国际化发展全过程。内审风控部作为字节跳动的一级部门，原设三个二级部门：内审部、风控部、反舞弊调查部，2019 年成立新部门 IT 风险管理部。（参见图 4－3）

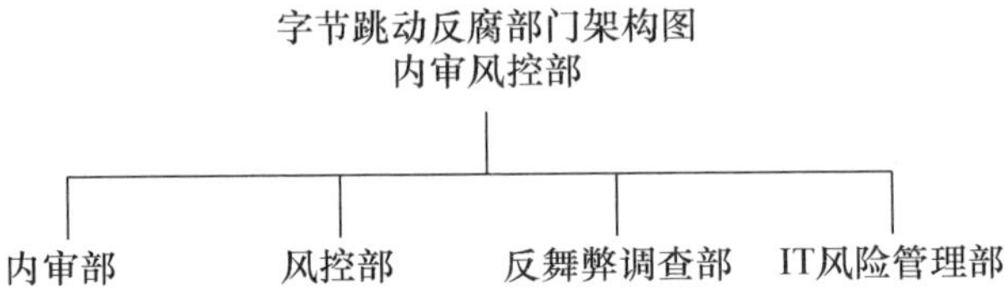

图 4-3　字节跳动的反腐部门架构图

IT风险管理部主要负责数据安全合规及风控数据中台，其中数据安全合规负责公司内部和数据相关的内控合规工作，根据保密程度，通过公司内部数据分级，根据不同区域的法律法规背景和数据内控要求制定数据保护规则；风控数据中台在数据隐私保护条件下，通过机器学习和算法发现风险点。与京东、小米反腐部门集“内部调查权”“内部审查权”“违规处置权”于一身相区别，在重点一级部门和业务单元，如商业化单元、内容审核单元，还建设有自身的审计、内控、监察团队，字节跳动的内审风控部只负责调查清楚事实，违规员工应当如何处理需要提交与“内审风控部”平行的“职业道德委员会”进行处置。

第三节　京东集团：认清腐败的本质

反腐是一场没有硝烟的战争，如果战略方向是错的，没有找到正确处理全局和局部关系的方法，就会陷入诸如招聘什么人、如何调查、如何移送等一系列战役或者战术细节，一切都会徒劳。

反腐问题到底是个什么问题?

京东集团给出了明确的回答——腐败问题本质是管理问题。

京东集团 2004 年进军电子商务，2007 年大量引资自建物流体系，随着近十年发展，形成了全品类自营模式。截至 2016 年，从自建物流开始到实现财务盈利，仅用 10 年。从 1998 年的中关村小柜台到 2020 年《财富》世界五百强第 102 位的互联网巨擘，京东集团用了不到 30 年成为中国最大的全品类自营式平台。但在盈利的背后，京东集团发现其内部滋生的“灰色腐败”在侵蚀利润、腐蚀文化的同时对其运营管理能力提出了新挑战，在快速发展的过程中，京东一度也面临内部腐败的严峻威胁。

下表为 2017—2018 年公开披露的京东集团典型职务犯罪情况：

表 4-1　2017—2018 年公开披露的京东集团典型职务犯罪情况

	姓名	业务线	涉嫌犯罪行为	犯罪主要情节梗概
1	任某	京东物流西南区域分公司快运部城配运输管理部机构负责人	非国家工作人员受贿罪	利用职务便利收受承运商好处费及礼品馈赠

续表

	姓名	业务线	涉嫌犯罪行为	犯罪主要情节梗概
2	黄某	京东物流华中区域分公司大件物流部安装运营部机构负责人	非国家工作人员受贿罪	利用职务便利收受服务商的好处费
3	燕某	京东金融保险业务部综合管理部消费者业务渠道运营员	非国家工作人员受贿罪	收受好处费并违规向供应商提供运营支持
4	颜某某	集团大客户部华北区大客户部运营岗员工	职务侵占罪	利用职务便利侵占公司商品
5	张某某	京东商城时尚事业部男装及奢侈品部采销经理	非国家工作人员受贿罪	利用职务便利通过部门同事穆某引进其弟所经营的公司，并给予资源支持
6	郭某某	京东商城时尚事业部内衣童装部招商人员	非国家工作人员受贿罪	在职期间向多家供应商借款
7	李某某	京东商城时尚事业部女装部配饰部采销经理	非国家工作人员受贿罪	收受多家合作供应商好处费、礼品等商业贿赂
8	田某	京东商城家电事业部大家电运营部运营岗	非国家工作人员受贿罪	利用职务便利收受合作商家贿赂、礼品等
9	邸某某	京东商城图书文娱业务部 IP 整合部高级经理	关联交易、利益输送	利用职务便利在他业务管理范围内引进其借用他人身份参股的公司
10	王某	京东商城美妆业务部采销经理	非国家工作人员受贿罪	利用职务便利收受合作供应商贿赂，并协助供应商引进多个品牌合作

续表

	姓名	业务线	涉嫌犯罪行为	犯罪主要情节梗概
11	王某	京东商城生鲜事业部特产馆运营人员	非国家工作人员受贿罪	利用职务便利收受好处费向商家倾斜资源
12	王某	京东物流西南区域分公司物流部重庆大件运营中心负责人	索贿（未遂）	利用职务便利向其负责管理的多家京东帮合作伙伴索贿
13	朱某某	京东物流华南建仓项目经理	非国家工作人员受贿	收受供应商好处费
14	郭某	京东物流河南省区分公司人力资源部 HRBP	非国家工作人员受贿	利用职务便利收受劳务派遣供应商好处费
15	于某某	集团招采中心供应商管理部供应商管理	非国家工作人员受贿	收受供应商好处费及参加供应商付费的旅游活动
16	周某	金融保险业务部综合管理部负责人	非国家工作人员受贿	收受好处费并违规向供应商提供运营支持
17	李某某	消费者业务部渠道运营	非国家工作人员受贿	收受好处费并违规向供应商提供运营支持
18	汪某某	京东商城原服饰家居事业部服装部采销经理	非国家工作人员受贿	伙同其下属利用职务便利收受商家贿赂并违规向商家提供运营支持
19	廖某某	京东商城家电事业部销售拓展部京东帮管理部广西片区经理	非国家工作人员受贿	利用职务便利收受商家贿赂

续表

	姓名	业务线	涉嫌犯罪行为	犯罪主要情节梗概
20	谢某	京东商城华南区南宁大件运营中心安装组负责人	非国家工作人员受贿	利用职务便利收受服务商贿赂
21	穆某	京东商城服饰家居事业部服装部招商	利益冲突、非国家工作人员受贿	利用职务便利违规帮助商家特批开店、收受商家贿赂，并违规与合伙人在京东开设店铺
22	蒋某	京东商城华东区大件运营部京东帮管家	职务侵占	要求合作商帮其虚报费用并把虚报部分据为己有
23	张某	京东商城消费品事业部原美妆采销部进口POP组负责人	非国家工作人员受贿	向合作商家借款及收受礼品馈赠

数据来源：廉洁京东微信公众号

从2017—2018年京东集团披露的典型案例来看，非国家工作人员受贿、职务侵占两项罪名占比超过90%，腐败问题发生的岗位极端分散，80%以上的腐败问题与第三方相关，超过一半的场景发生在线下和商品供应链上，由于业务场景的多元、线上线下的交织，权力寻租行为在虚拟的大卖场有着温润的土壤。

从1998年的中关村小柜台到2020年《财富》世界五百强第102位，京东集团已经成为中国最大的全品类自营式平台。在快速发展的过程中，京东一度也面临内部腐败的严峻威胁，深知反腐的紧迫性和艰巨性。

拜访过京东的人无不对四个字——“正道成功”印象深刻。

人间正道是沧桑。

诚信是京东的立足之本，正道是京东集团的文化基因。

京东集团自初创以来便确立了“正道成功”的经营理念，致力于为合作伙伴营造公平、公正、阳光透明的营商环境，将假货和腐败视为永远的死敌。“零容忍”原则是指任何员工违反京东集团反腐败条例的行为都会导致解聘并实名公告，同时会录入失信名单系统，涉及刑事犯罪的，将移送司法机关处理。

绝对独立的专责部门是战略成功的必要前提。

腐败问题是管理问题，反腐组织的管理必须不依附于任何管理部门而直接对创始人负责。

这对于京东集团这样一家跨行业、跨省市，拥有超过30万名员工的超大型民营互联网企业来说，更是如同大象走钢丝。在企业内部一些涉及资金数额较大，权力又较集中的部门，腐败的滋生几乎难以避免。

在“正道成功”的大旗之下，京东对腐败始终保持着清醒的认识。为使企业的每一分子都能保持廉洁自律的道德品质、恪尽职守的工作作风，京东特别设立了专职反腐的部门。

京东集团在2009年成立了监察部，并于2011年底设立审计部，二者合并为审计监察部，主要承担企业的独立调查和腐败预防工作。

2012年11月，审计监察部正式改组为内控合规部，下辖腐败调查组、内控审计组和腐败预防组三个直属部门。三部门在职能上各有分工，协同配合，构建起一套集案件调查、风险防控和宣传教育三位一体的反腐败治理体系。

其中，腐败调查组直接参与企业内部腐败事件的调查核实，并对涉事人员和商家依法进行处理；内控审计组负责内部审计，通过创新审计内容和审计方式以加强企业内部控制，应用审计结果来达到循环监督的目的；腐败预防组负责对企业内部腐败高风险部门、供应商进行宣传和培训，让员工和合作伙伴了解廉洁政策和文化，让员工和合作伙伴参与诚信经营的监督体系。

按照目前互联网企业反腐机构设置的整体标准来衡量，京东内控合规部堪称业界反腐机构的标杆。

内控合规部在京东集团的部门体系中具有独立性，内控合规部的工作直接向京东集团CEO汇报，从治理结构层面保障了举报受理和调查工作的独立性和客观性。该部门是京东集团唯一被授权进行腐败调查的部门，拥有公司全部资料和信息系统的查阅权，依规独立行使调查权，其他任何部门及个人都不能干预及限制。

“人人反腐”是反腐战略的群众基础。

京东于2004年正式进军电子商务领域，2007年开始大量引资打造物流体系，利用全品类自营模式形成了独有的竞争优势。从强力借助风险资本自建物流到2016年度实现财务盈利，只用了短短十年。

盈利的背后，企业内部滋生的“灰色腐败”也对其管理能力提出了新的挑战。反腐败是一项系统工程，更是一场持久战，具有长期性、艰巨性、复杂性，仅凭创始人的决心、领导层的推动和内部反腐机构的努力还远远不够。

怎样让腐败与舞弊真正成为人人喊打的过街老鼠？

为了鼓励和引导供应商及其他合作伙伴、京东员工乃至整个社会参与到京东集团诚信经营的监督体系中，京东充分利用经济杠杆的调控管理作用，构建起一套奖罚联动的制度体系。

京东集团在2016年制定并颁布了《京东集团举报人

保护和奖励制度》，规定每年将特设1 000万人民币奖励基金，鼓励员工和合作伙伴积极举报涉贪涉腐的职务犯罪及违规行为。

对于举报的个人或合作伙伴给予5 000元为起点的奖励，涉及刑事案件则提高至5万元为起点，最高奖励1 000万元。同时加强对举报人的保护力度，在受理、登记、保管、调查等各个环节，对举报人的个人信息及举报人提供的所有举报资料均严格保密。

针对实名举报，京东集团专门设置秘密的“特别保护名单”，由京东集团内控合规部经过严格挑选的、受过特别训练的专业人士管理，不对其他任何个人和部门公开，并负责处理名单里人员的沟通、培训、奖励和保护等事务。

京东从制度机制角度对主动向京东说明情况的供应商开出豁免条款，对其向京东集团员工及其关联人员提供不正当利益的违规责任不仅不追究，并继续保持合作关系之外，还会保障其业务发展并给予额外奖励。

这些宽猛相济的创新举措力求在整个企业形成“人人反腐”的良性治理生态，在保持对腐败高压态势的同时，又巧妙地分化了各种腐败势力，使员工“不敢”涉贪涉腐。

为进一步鼓励和引导员工拒绝商业贿赂，营造诚信廉洁的商业氛围，京东还对在拒收商业贿赂方面有出色表现的员工进行奖励。京东于2017年3月制定了《京东集团廉洁奖励试行办法》，并在同年底通过的《京东集团反腐败条例》修订4.0版中加以确认。《京东集团廉洁奖励试行办法》规定，员工收到现金类（包含现金、支票、银行卡等形式）的商业贿赂后，应立刻主动联系京东内控合规部，并说明该笔商业贿赂的详细情况，经核验该行贿行为属实，则奖励拒收商业贿赂金额的50%，该奖励与员工下月薪酬合并发放，并按照国家规定缴纳所得税，拒贿员工在升职和加薪时将被给予优先考量。

京东集团在《关于发布〈京东集团廉洁奖励试行办法〉的公告》中点名表彰了各部门坚决抵制商业贿赂的人员，并通报了其典型事迹：

居家生活事业部运营管理部90后女生温某某拒收商家现金贿赂50 000元；东北区大件运营部沈阳大件运营中心董某，先后两次拒收投标公司现金贿赂共计11 000元；华北区大件运营部配送运营部朱某某拒收承运商现金贿赂10 000元等等，鉴于以上三位员工在拒绝商业贿赂方面的突出表现，按照《办法》分别给予25 000元、5 500元及5 000元的现金奖励。

而对于未在两个工作日内主动说明贿赂情况的，如被举报或发现，则会根据《京东集团反腐败条例》被认定为收受了商业贿赂，将被解聘并实名公告，涉嫌违法犯罪的移送司法机关处理。违规员工行贿者则按照《反商业贿赂协议》作出相应处理，涉嫌违法犯罪的移送司法机关处理。

即使在离职之后，也有员工因为之前在任时的违法违规行为被发现而绳之以法的情况，涉嫌违法犯罪的直接移交司法机关处理。

腐败现象到底是个什么问题？应该由谁承担责任？

京东始终认为腐败问题是管理问题，是人与责任的问题。管理者犹如带兵打仗的指挥员，需要关照好全局和阶段，业务发展与内控合规，员工激励信任与控制约束。

腐败产生的根源还是管理的实效。

对于发生腐败问题会按照管理问责制的 ABC 原则进行处理，即 C 员工涉及腐败问题被辞退，C 的上级 B 和 B 的上级 A 都要被问责，情节严重或涉及多起腐败案件，对部门管理层将会给予辞退处理。

京东鼓励管理层积极开展腐败治理的工作，主动发现员工异常并及时主动报告，对于主动报备的管理层，公司将给予免责处理。重奖与严罚两相比照，企业提倡什么，反对什么，态度明确，这种对员工职业道德和操守的认可和先进榜样的树立增强了员工爱岗敬业的责任意识，有助于正确价值观的培养，弘扬了社会正能量，同时大大压缩了京东供应商和合作伙伴通过行贿等不正当手段进行权钱交易的操作空间，有力地促进了京东平台商品和服务的优胜劣汰，保障了企业的平稳、健康可持续发展。

公开曝光是反腐成功的战略威慑。

针对失信人员和失信企业违法犯罪成本过低的情况，京东集团在惩治手段上进行了大胆的创新，对于涉腐人员和商家，不仅会在内部实名通报，而且会通过“廉洁京东”微信公众号对社会进行实名公布。

一是实名公布腐败事件。京东集团通过内部网站和廉洁京东微信公众号发布反腐内部公告，将查处的多起内部腐败案件集中进行了实名公布。这些内部腐败事件涉及收受供应商贿赂、职务侵占、索要供应商礼品、接受供应商宴请等违法违规行为。为了展现打击腐败的坚定决心，京东表示，任何腐败事件涉及的人员都会在公司内外进行实名公告，查处一起公告一起。京东集团用“实名公布”的方式诠释了公司对腐败零容忍的态度，坚决打击腐败行为的决心。京东实名公布的涉腐涉贪人员的制度，有效提升了腐败人员的失信成本。

二是开通多种举报渠道。京东集团在廉洁京东官方微信公众号设有在线举报、邮箱举报以及电话举报窗口，京东内控合规部将举报信息的保密工作放在首位，举报的受理和调查都要遵循严格的管控制度和流程，对举报人的个人信息及举报人提供的所有举报资料均严格保密；京东集团全力保障举报人的合法权益不受侵犯。针对实名举报的单位或个人特别制定了多重严格的保护措施，以落实对举报人的保护；京东集团除对举报个人提供保护之外，对于向京东集团举报腐败信息的供应商及其他合作伙伴提供多重保障，为举报者解除了后顾之忧。

第四节　字节跳动：营造监督的压力

正如大家用 Android、谷歌浏览器、Gmail 却不一定注意到 Alphabet 一样；如果不是因为贸易摩擦，可能很多抖音、今日头条、火山、西瓜 App 的资深拥趸，也未必注意过站在美国前总统特朗普对面的这家业务遍及全球的中国公司——ByteDance（字节跳动）。

这家成立于 2012 年 3 月，位于北京市海淀区知春路附近的科技公司推出了多个深受网民喜爱的网红爆款应用。截至2019年底，北京字节跳动科技有限公司（以下简称“字节跳动”）旗下拥有今日头条、抖音、西瓜视频、飞书等产品。今日头条是一个通用信息平台，致力于连接人与信息，促使信息创造价值。抖音是一个帮助用户表达自我、记录美好生活的短视频平台。截至2020年8月，抖音日活跃用户数已突破6亿。

这是字节跳动仅用8年达成的战绩。

小成功需要朋友，大成功需要敌人。

作为一家以广告收入为主的轻资产科技公司，其90%以上的业务通过纯线上的App平台开展，也同样面临着不小的腐败威胁。

下表为2016至2020年字节跳动集团公开披露的反腐败信息：

表4-2 字节跳动集团公开披露的反腐败信息①

编号	披露时间	人数、情节	涉嫌罪名
1	2016年	前员工宋某、侯某盗取公司信息系统数据的案件	非法获取计算机信息系统数据罪

① 盘点今日头条内部反腐四案：嫌疑人全部被追究刑责. 人民网. 2019-01-01；互联网反腐，轮到字节跳动了. http：//36kr. com/，2021-03-28.

续表

编号	披露时间	人数、情节	涉嫌罪名
2	2018 年	员工罗某擅自修改公司底层数据库出售账号非法获利	破坏计算机系统罪
3	2018 年 5 月	火山小视频的负责人黄某某等三人利用职务之便，与合作商有利益往来，收受贿赂	非国家工作人员受贿罪
4	2018 年 12 月	商务拓展负责人收受代理商好处费数百万元	非国家工作人员受贿罪
5	2020 年 6 月	行政餐饮前负责人共计涉案 1 000 余万元	非国家工作人员受贿罪
6	2020 年 6 月	EA 前负责人不经招投标直接指定系统开发供应商及系统开发不满足需求，受贿 600 余万	非国家工作人员受贿罪

数据来源：https://baijiahao.baidu.com/s?id=1670364980003477566&wfr=spider

利用流量的支配权、内容的审核权、代码的开发和知悉权等为特征的互联网“灰黑产”是字节跳动披露腐败案例的典型特征，这类技术、产品、运营和商业化岗位从业人员的腐败，呈现出典型的技术型腐败和流量型腐败特征，这样的现象和隐患对于一家以流量和算法作为商业护城河的公司显然是致命威胁。

正如字节跳动的产品在反复博弈中逐步明晰，字节跳动反腐败团队也在解决新问题中开创了独特的反舞弊算法。

破局必先入局。

北京电视台曾报道过一起发生在 2017 年 1 月的案件。

案件的原型来自字节跳动。字节的反腐团队通过算法驱动的风控平台发现了数据异常，最终确定一家尚未商业化的外部黑产公司。位于上海的该 App 公司，通过爬虫方式破解公司防火墙，进入数据库，抓取短视频平台中的视频和数据资料，通过对其产品进行测试发现，该 App 对西瓜视频进行了镜像级复制。

也就意味着，当时西瓜视频每天发布的视频他们都会原封不动地抓取到他们的平台上。发现了这个情况之后，字节的内审部对这起案件进行了调查，竟发现这家公司的主要负责人宋某和侯某实际就是字节跳动的前员工！

两人 2016 年年底申请辞职，目标创业。

在离职之后，很快加入这家位于上海的 App 公司。由于宋、侯二人乃西瓜视频的两个核心研发骨干，深知数据库的加密措施和防火墙设置的漏洞。到上海公司后，便运用在头条的产品知识，帮助这个 App 公司搭建了产品，并且利用自己熟悉公司、熟悉字节网络环境的便利条件，编写爬虫软件，每天以破坏系统的方式进入数据库，去抓取数据。

两“兄弟”行为构成违法犯罪吗?

有何罪?侵犯商业秘密罪，但没有获利；非法侵入计算机信息系统罪，如何取证?

调查越深入，情况越复杂。海淀网安干警在讯问过程中发现，实际在上海公司的APP搭建过程期间，字节内部还有另一员工彭某，日常把公司的代码发送给该公司，还利用假期时间到上海公司帮助搭建网络环境并解决业务难题。

这起案件听似简单，但实际上罪与非罪的界限在当时却难以研判。通过系统风控平台发现的爬虫数据，看似通过数据盗取方式发生的外部窃密的黑产案件——何以证明构成数额要件?

经过反复研判，2017年11月，海淀法院对这起案件以非法获取计算机信息系统数据罪作出判决。

以刑事手段打击数据窃取的个案鲜见，更多的则是通过民事渠道，且舞弊员工抗辩成功的概率很大。

事实上，公司商业秘密与其说是被泄露，不如说是被“围猎”。员工接受第三方付费咨询访谈是一个成熟的行业模式，极大地威胁到公司数据资产和信息安全。

字节跳动在2019年上半年重点查办的员工内部泄密的案件表明：互联网公司的员工泄密实际上在外围有一个很成熟的产业链。

由于创业公司日常的业务或者开展新的业务之前都需要分析报告，大公司在做行业分析报告时会先向市面上比较大的咨询公司咨询，要求其出具竞品的数据或者行业分析供内部考量。有买有卖，于是市面上出现了不同规模的咨询公司提供行业分析报告的服务。

所谓大的咨询公司，里面的数据来源基本上分为两类，第一类是公开领域的信息检索，第二类就是专家访谈，但是专家访谈一般会写得很模糊，比如某竞品公司写字节跳动的报告里面就会写字节跳动上海分公司销售总监提供的数据，但具体是谁不会在报告中体现。而大的咨询公司数据来源也并非全部一手获取，他们的来源是通过小咨询机构、猎头公司、中介公司获取。

这些机构的数据从哪里来？

调查发现，实际上，这些机构的数据来源就是去维护公司里面所谓的行业专家，而专家来源主要是通过一些招聘的网站去检索谁提供过招聘的简历，他们会去和相关人员做沟通。沟通的时候来判断对方是否在某一个领域具有专业性和代表性，邀请对方成为该咨询公司的专家，将来有一些问题需要咨询的时候可以付费咨询。

并不是所有人都接受这种方式，但是有一些人会觉得有咨询公司来联系自己作为专家觉得很荣耀，愿意跟他们做一些共享，或者是愿意把自己的一些信息留给对方。这些所谓的咨询机构和猎头公司，会把不同公司的专家设置成一个专家库，大的咨询公司如果需要数据的时候就会去找小的咨询公司告知需求；下游的机构会对其提供专家范围，在 3～10 人不等范围内供其选择；选择之后，小的咨询机构会和某一个内部的员工约好时间，设置一个电话平台，双方接入电话平台，由咨询公司和企业员工做访谈，一般为十分钟的时限，十分钟之内如果上游觉得数据有意义的话继续进行，便开始付费，如果十分钟觉得这个专家无法满足需求，便换另外一位专家。经调查发现，所付费用实际很高，最便宜的费用每小时 1 000 人民币，最高的可以达到 10 000 元到 20 000 元人民币。

字节跳动曾有一位员工离职之后一天接受十几次的访谈，每月取得高额收入。除了电话访谈之外，有些员工也会愿意做私下的面谈和现场讲授，费用可能会更高。整个产业链实际上非常成熟，但在整个环节里面，每一个环节互相都不知道对方是谁，内部沟通的时候都是以微信的方式，相互不见面，小的猎头公司也非常注重保护自己的安全，在做分享之前都会和最终分享的员工签一个协议，在协议里面他们会明确写明公司的核心数据不可以对第三方泄露。

对于这样的事件调查，调查团队通常会采取一些角色扮演的方式与中介公司取得联系，要求这个中介公司提供专家名单，很多中介公司会提供给一份 30～50 人的专家名单。实际上这个专家名单有很大的水分，有的只提供姓，没有名字，没有电话，履历都是各个公司的总监或者副总裁，没有一个普通员工，要花大量的时间在公司内部做分析和摸排。通过发现其中的蛛丝马迹，去分析匹配出来的公司疑似违规人是谁。

现在所调查的这种类型的泄密案件，能够发现的实际上都是一些疑点，最终这些当事人，他们接受过多少次访谈，收过多少钱更多的还需要现场的询问过程，需要较高调查技巧。字节跳动 2018 年、2019 年两年发现这种类型的员工约 20 人，最高的接受过 20 次访谈，平均收入万余元。

对泄密行为是零容忍的，但对所有涉案人员解除劳务关系是不够的。必须通过刑事或者民事诉讼惩治泄密行为，才能最大限度地预防。对泄密人员如果只是开除，加入竞品公司的机会非常大，只有对他们采取更严厉措施才可能会对他们产生一些震慑。

而此类案件在民事诉讼中很重要的一点就是仲裁或者法院会要求公司提供相应的制度，这个制度并不是一般意义上的公司保密制度，会需要公司提供有没有对这个特定行为对员工进行过针对性提示，因为这些行为很多员工会做抗辩，表示不清楚公司不允许做这样的访谈。

互联网公司，特别是以线上信息和数据为主要资产的互联网公司，遇到一个很大的难题就是侵犯商业秘密犯罪的司法解释有一个比较明确的犯罪数额规定，损失要达到30万元，对于很多互联网公司来讲，特别是对于轻资产的公司来讲，数据资产和传统的经济资产很难等同。

回答这一问题需要深度理解互联网科技公司的核心资产——数据资产及信息安全，这是靠着数以百亿元计的研发投入与勤劳汗水累积成的护城河。它关乎着公司生死存亡，对于字节跳动来说，一旦核心数据和推荐算法外泄，打击将是毁灭性的。

作为算法的基石——数据和信息的保护——字节跳动

做足了功课。

一是制度入局。字节专门针对数据保护健全了公司一系列的保密和数据安全制度，包括围绕《网络安全法》相关章程，公司员工手册就对数据安全和保密做了一个专项的规定，相关的部门还制定了信息安全的管理制度和数据对外披露的管理制度，从法律到内部管理的多个层级对数据安全进行保护。针对不同等级的数据采取不同的保护措施，对高敏感数据从采集、存储、使用、共享、传输、销毁的整个的全生命周期都要进行数据保密的管理，以事前权限控制为主要手段加以数据加密、脱敏、隔离等方法去保护。低敏感数据则主要依赖的是内部的数据规则、AI模型、风险提示等事中风控手段进行安全数据管理，做到实时发现、快速分析、及时处理。

二是数据入级。数据安全的维度，字节跳动从业务形态、对象分析、行业领域、系统区分四个维度对数据进行分级，并针对不同的数据从这四个维度去设置安全等级，以此设置具体的保密的措施。内部把数据分为了四个等级，包括：高敏感数据、敏感数据、内部数据、公开数据，结合以上四个维度，根据数据重要程度来做区分。对于内部数据和公开数据基本上会使用事后数据筛查或者数据分析的方式做保护。对于高敏感数据会有不同的环节，包括采集生产环节、存储环节、使用环节、共享披露环节会设置具体的安全措施，包括设置可访问的用户清单、访问数据的范围及数据操作的权限，以及添加数据共享权限，只有授权的用户才有权进行数据共享。

三是保密入脑。有别于一般公司的廉洁培训，字节跳动在数据安全保密领域会做统一专项培训，讲明相关规则和查处案例；再对高敏感的员工做加强培训；两轮培训完毕后，全员开展线上廉洁测试和信息安全线上测试，覆盖新入职员工和数据高敏岗位员工；再以案例的形式或针对某个类型的泄密情况做专项邮件发送，以增强意识。

四是载体入门。线上合规答题定期会按时发送到每名员工的邮箱，包括礼品礼金申报，还有全员线上利益冲突报备，让全体员工参与互动；字节跳动将利益冲突申报系统，加入风控平台，识别高风险的利冲，系统会自动分发给业务的领导和相关的调查组人员，共同判断这个风险是否存在高危情况，相关的业务是否需要制止。

五是水印入网。水印加入办公网络能够在明面上给员工提醒的同时，也方便信息泄密后的调查追索。

2017 年底，一名员工随意将公司内部通知的消息截图发给一个外部的朋友，调查时其本人并未意识到自己的行为会产生什么样的后果，但是社会上就这个截图出现了许多错误解读，产生了非常不良的影响；2018 年某员工没有经过公司的授权，将公司的产品价格政策截图发送给供应商和合作伙伴的事件，导致后续谈判出现了一系列不必要的争端，最终也是通过调查找到当事人。

字节跳动的风控算法是通过自主研发，逐步实现的，分三步走：

一是反向思考。内审、内控和调查的团队没有 AI 背景，对于怎样教机器学习，起初并没有完备的经验。因此，字节并没有一上来就投入精力开发一套大而全的系统，而是由目标入手反推两个问题，一个是数据来源问题，另一个是风险策略的输出问题。

风控系统的响应度、精确性、全面性取决于数据源。很多审监团队最开始建立的是内审部门，特别是互联网企业，全流量数据的审计和业务端索取的数据虽然容易，但其真实性差、杂音高、响应慢给审监团队带来很大困扰。

从 2017 年年初开始，字节跳动的审监部门第一个动作就是建立一个数据库，数据库只为内审部自己使用，花了大约 1 年时间把大量的业务数据接入数据后台里面，底层数据库打通，把所有的相关业务数据接入到系统里面之后再做可视化的数据呈现，审计人员可以从海量数据里面检索出来需要的数据，不需要再向业务部门要数据。

此后，字节跳动内部数据库备份的同时，也会记录在审计部门专门设立的自己的数据库里，为敏感的数据和操作进行记录。内审部实际上除了调查和审计组之外，还有一个独具特色的 IT 审计组，日常主要工作就是对线上的权限进行梳理，并对数据库中的数据进行系统筛查，如果发现一些数据的异常，会及时转给调查组，调查组会判断是否发生了泄密或者违规的情况。

独立的全量数据库为战术算法的底层逻辑打下了坚实基础。

二是风险识别。数据库搭建完毕了，面对大量维度和不同部门，其中又有子业务和子流程，每级业务舞弊类型或者说业务风险类型都是千差万别的。

字节的审监团队是怎么把这些精准识别出来呢?

他们通过防线前置，在第二道防线里面加入风险识别和风险评估，专门有 20 余名团队成员对接公司重要业务领域和职能，将业务划分成一百个子流程，在子流程里面做业务分析，花大量时间维护线上风险地图，形成了两千余项风险，包括业务风险、数据隐私安全风险等。

之后审监团队在风险控制系统里面搭建风险矩阵，更多的是为业务做输出，如果说业务数据当中发现了相关异常数据，或者说异常的一些风险，会以机器方式自动推送给业务负责人，告诉他什么时间，什么样的业务出现了风险，可能会产生数据泄露的风险，第一时间会提醒业务人员解决这个问题。

这些维度在帮助反腐团队梳理流程的同时，还会在很大程度上帮助业务人员发现自己流程当中是否有问题，一举两得。

三是风控系统。有了底层数据、有了风险地图之后，就可以抽象出可以用机器的方式去自动识别的舞弊模型和漏洞。

基于相关的风险地图，在 2018 年，字节跳动成立了安全风控中心，安全风控中心基于数据库以及整个从内控梳理出来的公司两千余项业务风险，把可归纳总结出来的变成风险策略的相关业务抽样出来，逐步在风控系统里面不断尝试加策略，让机器跑出数据，自动识别出有违规嫌疑的异常行为。

最后结合风险矩阵和舞弊及黑产案件归纳出来的风险策略，机器把相关的数据报告跑出来，推送给业务负责人，当然也会抄送给审计负责人，因而能在审计当中发现是否有问题。如果是舞弊风险，会自动输出给调查组，权限会更高一些，这是整个风控系统搭建的一个业务逻辑。

两年来，通过算法驱动的反腐策略，可以实现多类违规的前期线索排查。相对于被动等待举报，把之前查处的案件以可复用的形式让机器把相关数据跑出来，就可以看出同类型的案件是否存在，不仅会给线索摸排产生极大的帮助，而且更有利于公司查漏补缺、优化治理能力。

由于传统审计具有周期性、抽样性、分散性的特点，容易给舞弊者漏洞可钻；传统监察工作线索主要来源于举报，在举报中能够构成线索的高质量的信访则更难，且举报具有随机性、易变性、主观性，对腐败风险体系性防范和治理带来很大挑战。

风控算法系统的核心目的在于全面和深入。机器学习和算法监督有利于改变传统的审计监察线索来源主要依靠举报的弊端，字节跳动通过战斗算法，实现各业务线、各流程的 7×24 小时覆盖，实现识别风险的方式更全面、更深入、更精准。

但 AI 风控系统也有其弊端，不管机器定位多精准，背后可能会有各种各样人为因素，所以字节跳动把现阶段公司的风控系统定位线索输出系统和风险控制，而不是精准打击，起到辅助调查、帮助判断的目的。

线上风控和线下调查通过四个步骤结合：第一步是把业务操作沉淀为线上可回溯的记录；第二步是在分工系统里面做多维度和长期可持续的风控；第三步是人工设置维度线上智能化，要求机器按照调查者的需求输出报告；第四步从机器转入人工，最终典型高危的舞弊行为的确认现阶段由审计和舞弊调查团队产出。

字节的战术算法在员工的福利政策舞弊调查中大显神威。

算法介入使调查的主动性大大提高，原本大量重复的基础调查工作在反腐战术算法的帮助下变得事半功倍。战术算法帮助审监团队完成了三四万人初核和复核，每月输出百余个舞弊员工线索，调查组再深入线下人为核实。机器和算法替代了大量可重复的调查工作，极大提高了反腐败斗争的主动性，捍卫了公司价值观，是反腐团队不可多得的战斗技能。

第五节 小米集团：嵌入价值观内核

2010 年 4 月，在一群富有创新精神和前瞻性眼光的工程师和设计师的努力下，小米科技有限责任公司（以下简称“小米”）正式成立。十年间，小米始终坚持做“感动人心、价格厚道”的好产品，让全球每个人都能享受科技带来的美好生活。

2010 年创始人雷军成立小米集团，2011 年第一代手机上市，2014 年小米一度占据国内智能手机头把交椅；2018 年 7 月 9 日，小米集团正式在香港上市；从带着“用互联网方法帮助中国制造业转型升级”的理念起步，到营业收入破 2 000 亿元，生态链产品更是售往 90 余个国家和地区，小米仅仅用了 10 年，作为一家最年轻的世界 500 强企业，小米已经登上了国际竞争的舞台，2019 年，入围世界 500 强，排名 468 位，智能手机全球份额 9.1%，位列第四名，仅次于三星、华为、苹果。从小米自身的发展来看，业务部门急速变化、内控测试难度大、管理质量待提高等问题亟待解决，其中最大的威胁在于腐败。

下表为 2019 年、2020 年小米集团公开披露的反腐败信息。

表 4-3　2019—2020 年公开披露的小米集团典型职务犯罪情况

	时间	人数、情节	涉嫌罪名
1	2019 年 7 月 19 日	市场部广告创意主管郝某利用职务之便将公司业务交予其亲属持股的公司操办	职务侵占

续表

	时间	人数、情节	涉嫌罪名
2	2019 年 7 月 19 日	市场部创意视频部总监赵某利用职务之便，向供应商索取大额好处费	非国家工作人员受贿
3	2020 年 1 月至 6 月	共查处 31 起违规事件，共有 16 人因严重违规给予解除劳动合同，移送司法机关 4 人次	侵占公司资产、收受贿赂、虚假报销、利益冲突等
4	2020 年 7 月至 9 月	共查处 10 起违规问题，共有 13 人因严重违规被解除劳动合同	非国家工作人员受贿、职务侵占、人事违规、利益冲突等

数据来源：微信公众号“小米合规风向标”

从上面的统计可以发现，小米集团作为一家以科技为核心、硬件生产为载体、物联网服务为平台的生态链互联网智能制造商，腐败主要表现在管理飞速发展业务中的不确定性，通常在输入和输出两个环节相对明显。在企业输入端，关注小米作为甲方的从采购到付款流程，在企业的输出端，关注面对客户从订单到现金流程。以“促经营，防腐败，守住合规底线”为工作原则，在企业创造价值的过程中赋能业务。

良好的品牌形象背后，离不开小米人的不懈坚持与努力奋斗，更离不开廉洁高效的工作环境。这就不得不提及小米的内控、内审、合规与监察的融合管理，其坚持夯实业务基础、不断探索创新管理的思路与方法，符合小米各发展阶段，在小米前进的步伐中发挥着重要作用，也得到了行业的充分认可。

小米管理层认为建立并不断完善风险管理及内部控制系统对企业的发展至关重要。为此，公司遵循国际业内公认的 COSO 框架，建立“三道防线”模型。

第一道防线是管理及经营，主要由业务职能部门组成，负责日常运营和设计，实施解决风险的具体控制措施；第二道防线是内部控制、合规等管理，内部控制团队负责制定政策、设计及实施综合风险管理及内部控制系统，协助并监督第一道防线制定及改善控制措施，合规团队负责合规体系搭建、合规文化建设等；第三道防线是内部审计及监察，主要由内部审计及监察团队实施。内部审计及监察团队高度独立，内部审计团队负责评价公司风险管理及内部控制系统的成效，并监督管理层不断完善风险管理及内部控制领域；监察团队负责接收举报人的报告，调查指称的欺诈活动，并直接向审计委员会报告。

依据以上模型，公司现已成立内控内审监察部，分为内控、内审、合规及监察 4 个团队。各个团队相互分工，高效协作，共同为公司的持续健康发展保驾护航。

在搭建了具体的运作模型后，反舞弊工作具体应该如何开展？如何做得更加有实效？在实际工作中，作为公司反舞弊体系的执行者和实施者，小米监察团队有一套具体操作准则和实施方法。在操作准则上，内控以业务全面铺开，合规体系化建立赋能内控、内审和监察，以点、线、面、体贯穿连接的四位一体联动机制，确保公司在满足内外部合规要求的同时，有效应对外部环境的变化，增强公司的风险防范能力，助力公司业务保持长期稳健发展。

在具体实践中可以用三个字概括小米反舞弊的工作思路，即：“防”“打”“查”。首先是防，通过建立各种监察机制预防大面积的风险发生；其次是打，简言之就是打击各种违法犯罪的行为；最后是查，通过监察的方式方法，查处各类违规违纪行为，包括失职渎职，以权谋私、贪污受贿等行为。

基于“防”“打”“查”的方法论，可以把小米反舞弊体系比喻为两条平行的高速公路，一条是预防、调查、教育的道路，一条是不能腐、不敢腐、不想腐的道路。在实际操作中，小米将以“不能腐、不敢腐、不想腐”为目标，着力构建一个“不想腐、不能腐、不敢腐”的小米反舞弊监督体系。基本思路是实现两步走：第一步，在前端设置体系化的预警系统，如搭建一整套的廉洁规章制度作为保障，使得那些想钻公司空子的人没有办法去钻空子。第二步，在体系化初步搭建完成之后，开展一系列的调查工作，通过对各种违规、违纪、违法行为的进行查处，强化对腐败绝对零容忍的理念，树立典型案件，形成震慑，使得一些想贪、想腐、想侵占公司利益的人，望而却步，严柔并济是小米反舞弊体系的另一个特点，监察查处的同时对相关敏感岗位进行全覆盖式的宣传教育，促使一些人对腐败行为产生深刻的认识，从内心反感贪腐行为。

以打压查处和教育的方式向员工层层传递“不能腐，不敢腐，不想腐”的反舞弊工作理念，构建强大的反舞弊体系，将成为小米在市场竞争当中不可或缺的软实力和撒手锏。

授权及风险管控的合规性管理是企业内部财务风险治理和信息安全管理的重要内容。通过自动化的访问控制协同方案，可以统一进行访问控制、权责分离及特权账号的管理，并对风险进行自动扫描和及时预警，定期进行授权复核，预防恶意欺诈事件和敏感信息泄露的发生，同时优化合规流程，提供审计报表，降低 IT 及审计成本，提升企业治理能力和风险管理水平。

小米为提升内部控制及风险管理水平，于2018年初开始使用UC2.0移动端取代了以往的邮件进行授权管理，一定程度上提高了授权效率及合规水平，但访问控制的授权与合规的管理体系尚未形成，职责分离及关键敏感权限也未纳入管理范围，建立可进行风险识别的访问控制管理十分必要且迫切。

基于现实情况，公司在2018年启动了“治理、风险、合规——访问控制项目”（简称：GR CAC项目），此项目以内部控制和风险管理的要求为基础，通过管理咨询，落实小米授权合规管理方案，促使SAP GRC访问控制系统实现信息化落地，最终建立一套既符合外部法律法规及审计要求，又满足小米业务特点和内部控制要求的，集高效准确、集中流程化管控、风险自查、实时监控及时预警授权为一体的合规管理体系。通过实施本项目，小米实现了访问控制的授权及风险管控体系落地，实现了全员参与和认同，确保公司在授权管控方面实现内外合规。

截至2019年3月，GR CAC项目已成功上线，覆盖中国大陆相关的财务、销售、采购等业务板块，并已开展向海外区域的全球推广工作。除GR CAC项目外，在流程控制与业务监控方面，小米也已开展相应的系统建设工作（GRC PC），在 GRC PC 项目上线后，可实现对于公司业务流程中的风险点，进行实时监控，以避免风险事件的发生。

合规体系建设从内部控制、风险管控，到反舞弊的落实，实现小米集团的大合规，逐步迈向成熟的合规管控体系。在“赋能业务促经营，诚信合规防腐败，完善治理建品牌”的指挥棒下，小米通过一系列富有成效的工作全面推动小米合规体系建设，为小米业务健康可持续发展奠定稳健的基础。

小米从合规风险评估入手，定期根据评估结果，识别各业务的潜在合规风险与薄弱领域，确定工作方向和资源导入。组织建设方面，小米对内联动各部门，建立集团合规工作组，形成有效的沟通机制，共同推进合规体系的落地。对外联动小米的合作伙伴，将小米合规要求延伸到合作伙伴的业务往来中，向合作伙伴输出合规管理经验。

制度建设方面，小米对现有制度进行梳理与优化，并将制度要求落实在流程管控中，使得合规要求真正落地，并通过一些自动化技术工具主动预防和检测，从而保证合规管理形成闭环。

文化建设方面，小米通过对不同职级的员工进行专门培训课程开发，通过线上线下渠道进行课程培训，实现课程有的放矢，全面覆盖，并通过满意度调查不断优化培训内容，提升培训质量。同时，通过合规视频、海报投放、合规宣传月等多途径进行合规宣传贯彻，进一步强化员工们的合规意识。

目前，小米已建成集成的业务大数据平台，通过大数据分析挖掘等技术运用，实现为客户提供高价值的增值服务，并可进一步提升企业的经济效益和社会效益。

内控内审监察部将积极拥抱公司战略变革，紧跟公司发展步伐，充分考虑到全球关于信息安全与数据隐私的合规要求，确保数据不被窃取、滥用，并在此过程中，积极推动内控、内审、合规、监察工作的数字化、平台化、产品化建设工作，助力“赋能业务促经营，诚信合规防腐败，完善治理建品牌”的反舞弊目标一步步变为现实。

第五章　强化“不敢腐”的震慑

锄一害而众苗成，刑一恶而万民悦。

——《盐铁论·后刑》

第一节　企业对腐败行为的强力回应

“三不”一体推进，“不敢腐”是第一步。企业内部的监察部门，要继续保持惩治腐败高压态势，坚持无禁区、全覆盖、零容忍，坚持重遏制、强高压、长震慑；坚持深挖违规项目、亏损单元、风险事件、不良投资背后的腐败问题，努力提高治理腐败效能；不断加大资源规划、采购、招投标等重点领域的反腐力度，严肃惩治靠企吃企、设租寻租的“蛀虫”和企商勾结、以权谋私典型。应对违规违纪、破坏制度踩“红线”、越“底线”、闯“雷区”的，不以权势大而破规，不以问题小而姑息，不以违者众而放任，坚决防止“破窗效应”。

在调查应对中，紧紧地围绕着案件的两大基本根源“出口”和“入口”，紧盯监督的重点领域，同时利用企业监察的职能对违规违纪人员依照公司制度提出处罚建议，对涉嫌违法违纪犯罪的，移交司法机关处理，通过这种有效的调查应对，屏蔽监督部门是“纸老虎”的尴尬局面。

对于违法犯罪分子，企业应积极与公安机关合作，积极主动推动刑事打击。对于查实的案件，应通过正式渠道在企业内外部进行统一通报，给违法乱纪人员以震慑，同时在行业内让其无处遁形。在企业的经营管理中，由于缺乏应有的监督，很容易产生漏洞，引发违法违纪事件的发生，损害企业的形象，导致企业蒙受巨大经济损失，所以监督监察这个职能是必不可少的，监督监察可以有效地对企业中出现的贪污腐败、利益输送、失职渎职、以权谋私、徇私舞弊等违法违纪行为进行调查，在企业实际的监督监察中，采取对重点事件，重点人员进行单点突破的监察方式，有效防范风险事项中的舞弊行为人。通过对这种单点突破的监察方式，完成了企业重点监察事项，在力求监督监察企业重点舞弊行为的前提下，通过对重点舞弊行为的监督监察，有力地震慑欲实施舞弊行为人，通过这种点点调查积累，形式全面的监督监察，点面结合，达到利剑出鞘，反腐没有禁区的效果。

另外，企业内部还应健全反腐制度执行的管理问责机制，真正将管理团队的反腐责任落实到纸面上和行动中，促使企业管理人员在业务环节中实行过程监控，在末端实行结果监控。注重监控措施的针对性和有效性，完善内部监督，发挥一道防线的作用。将问责的内容、对象、事项、主体、程序、方式制度化、程序化，通过监督检查、目标考核、责任追究，提升执行力。

第二节　百度：公开披露的震慑

2020 年 4 月 21 日，百度职业道德委员会通报了一起员工涉嫌严重违纪违法案件，百度集团原副总裁韦某，经公司调查发现涉嫌贪腐犯罪。

背离了百度风清气正的职场文化，与企业价值观相悖；

践踏了公司职业道德的底线，与公司利益相悖；

触碰了法律的红线，与国家法律法规相悖。

被移送公安机关依法处理。

冰冷的文字，犹如寒夜冷月，让人不寒而栗。百度真硬，“又见”副总裁落马！这早已不是百度第一次披露这样的消息。

继王某、李某某、曾某三位副总裁相继爆出经济问题被迫离开百度后，又一位副总裁韦某因违纪、经济问题被百度移交司法机关。

百度显然不是个例。

2017 年至 2019 年，随着我国市场经济不断发展，经济总量实现跨越式提高，经济增速已经进入了换挡期、新常态，但企业家腐败犯罪数量却在 2014—2017 年递增了 215%①，一系列经济问题及社会问题逐渐凸显并日趋严重。其中，上市公司高管违规犯罪现象愈演愈烈。

《证券法》第 84 条第 1 款规定：“除依法需要披露的信息之外，信息披露义务人可以自愿披露与投资者作出价值判断和投资决策有关的信息，但不得与依法披露的信息相冲突，不得误导投资者。”

按照《证券法》的要求，上市公司高管犯罪严重阻碍

① 企业家犯罪报告：民企职务侵占罪比重大，国企受贿罪风险高. 21 世纪经济报道，2018-04-24.

了高管自身的发展，造成涉案企业的巨大资金亏损和社会不利影响，更有企业或因此走向破产。

各种经济犯罪和职务犯罪严重破坏了市场经济秩序，容易给广大投资者造成经济损失，属于应当披露或自愿披露的内容。内幕交易等各种不正当交易披着“潜规则”外衣，严重阻碍了市场经济的发展。这种犯罪是市场体制的毒瘤，它不仅损害了投资者利益，也阻碍了整个证券市场信用体系的建设。

像百度这样敢于公开披露腐败信息，特别是涉及公司内部高层管理者的信息是有顾虑的：主动披露、自揭伤疤，对外曝光作为典型利空消息之一的高管、员工的犯罪信息，会不会是一颗深水炸弹。

——有可能影响公司在股票市场的表现吗？

——有可能改变股票市场投资者的投资行为吗？

一、披露信息影响股价依据何在

对于一家已经披荆斩棘的上市公司来讲，充满着各种信息的证券市场，每分每秒都会引导着投资者行为，引发证券价格波动。根据有效市场假说：利好或利空消息刚刚传出时，股票价格就开始异动；当它已经路人皆知时，价格实际也已经或涨或跌到适当的价位了。

一旦披露反腐信息，从有效市场假说来看，无论是利好还是利空消息短时间内股票价格都会对其作出反应。这种反应是由于理性投资者的一致决策的结果。

具体来说，当上市公司高管或员工犯罪信息通过各种渠道向外传递时，证券市场中的投资者就利用市场中披露或是其他渠道获得信息对高管犯罪事件进行分析，开始行动，并对原有投资预期进行修改，从而改变投资行为。

所以，从理论上讲曝光舞弊和犯罪行为作为一种上市公司信息，必然会对证券市场投资人的决策产生影响。

在一般人看来，证券市场中的投资人会对高管犯罪这类信息作出利空消息的反应。上市公司高管犯罪对公司的市场口碑来说是一个“坏消息”，即便公司解释，高管接受调查与公司无关，正常经营不受影响，但对于广大投资者来说，这种恐慌心理会使他们“用脚投票”卖出该公司股票，因此短时间内公司股票价格可能会大幅下降，更有甚者出现跌停。

所以，选择用一种家丑不外扬的态度内部消化的倾向是上市公司一种几乎下意识的正常反应。于是出现了一种奇怪的现象，公司希望通过内部披露的方式教育员工，却又发现内部用来教育员工的邮件、通报、文件，会被公开“流通”。

真是投鼠忌器的尴尬。

事实上更加具有伤害性的是：由于上市公司高管犯罪消息的放出具有时间上、渠道上、态度上的差异性，一旦投资者先通过监管部门通知、公司公告、新闻媒体获知上市公司高管、员工的犯罪消息，股票市场反应可能会具有提前性、应激性，甚至引发投资者恐慌和猜疑。

在这个自媒体时代，各种消息太容易不胫而走。

所以已经不是需不需要披露的问题，而是采取怎样的方式和态度去披露的问题。而主动曝光、集中批量披露职务犯罪越发成为“正常操作”。

二、利空消息对股价的影响

上市公司高管因犯罪落马的新闻已不再新鲜。

根据 2017 年以来不完全统计的上市公司披露员工涉嫌职务犯罪信息披露和股价的关系，如下表所示：

表 5-1 上市公司披露员工涉嫌职务犯罪信息披露和股价的关系

罪名	人数	比例	披露 3 日内股价表现
受贿（非公受贿）犯罪	32	29.6%	−1.3%
行贿犯罪	12	11.1%	−6.1%
贪污（职务侵占）犯罪	23	21.2%	−5.7%
挪用资金犯罪	2	1.8%	0.7%
内幕交易、虚假和抽逃出资、财务造假	8	7.4%	−10.3%
诈骗犯罪	5	4.6%	−2.1%
其他	17	15.7%	−4.3%
披露不详	9	8.3%	−5.3%
总计（平均）	108	100.00%	

从以上不完全统计的信息中，可以看到犯罪信息的披露的确会对股价造成影响。正如统计表现出的，并非所有的违规违法行为对股票市场的影响都是显著的。

当样本按照犯罪类型划分时，关于不利消息对市场影响主要集中于企业的舞弊行为或犯罪行为，其中会计舞弊、并购重组等财务事件市场反应相对激烈；发生企业行贿、违反政府行为契约以及企业之前被指有其他非法活动时，对股票市场影响则非常明显；对于发生受贿、贪污、职务侵占等典型职务类犯罪行为时，股票市场影响似乎没有想象的那么大。

美国学者早在上世纪70年代，就发现披露虚假财务信息对股价影响是最大的。“当今时代的会计英雄”亚伯拉罕·布瑞洛夫研究发现曝光上市公司存在的财务虚假信息时，在财务问题行为被公告的当天，该公司的股票价格会下降8%左右。财务类舞弊暗示出上市公司经营环境存在着内控缺陷，价值观缺失，权力制衡不足以及公司行为个人化等问题。

公司犯罪持续时间较长，犯罪手段以内幕交易、关联交易为掩护，恶意侵占公共财产，犯罪暴露源于资金链断裂或上市公司资产完全被掏空而无法正常运作。

职务类犯罪信息披露会影响股价到什么程度呢?

传统研究通过选取2014年以来A股市场披露的资源类、房地产、金融类、医药类、运输业等不同类上市公司的高管涉罪情况，从而探究在股票市场投资者决策问题，研究得出涉案上市公司高管犯罪会对股价产生短期负面效应，披露有关信息的前三天显著；非国有企业高管犯罪对股票的负面效应相对于国有企业更明显；资产规模小的涉案上市公司相对于资产规模大的上市公司股票负面效应更显著。[①]

该类研究也存在以下三方面问题需要关注：

首先，样本范围不够全面，由于互联网企业的兴起和蓬勃发展集中在2012年之后，主要通过选取一级市场不同类型公司公开披露的高管职务犯罪信息，从财务和投资角度来分析其对于股价和公司市值等方面的不利影响，缺乏对互联网科技类公司这一典型大类的关注。

其次，犯罪事实发生与事实披露有明显滞后性，由于高管犯罪从公安部门受理、立案到批准采取刑事强制措施，再到检察院批准逮捕而后移送审查起诉，再至法院审判，最快4到5个月，长达1到2年的不在少数，这就导致了披露行为与股票表现的相关性明显强于高管职务犯罪与股票表现的相关性。

再次，随着互联网信息时代的进步发展，信息披露的渠道更加多元，内部邮箱披露、内部网络披露、官方微博微信披露、公开发文披露、企业财报披露等手段多种多样，披露的时间有先后、方式有区别，在这样的情况下很难找到一个确定的时间点来对应“股价”变动，数据相关

① 任施阳. 上市公司高管犯罪对股票市场反应的影响研究. 安徽大学硕士学位论文，2016年5月.

性存在一定瑕疵。

更加惊人的发现是：上市公司高管犯罪并未明显改变公司持股结构，普遍担心的内部腐败类利空消息出现，并没有给投资者信心带来重创，但通过进一步分析非国有上市公司在涉案信息披露后发现，腐败信息披露后当季较上一季度持股人数出现显著增加。因此可以推测在涉案信息公布后，股价下跌，积极买入的人增多，股价回升，流动性增大。

三、百度“常规操作”披露腐败信息后的影响

自百度职业道德委员会成立近十年以来，至少处理了 119 人，上自副总裁，下至实习生。

2012 年 8 月 3 日，百度职业道德委员会公开披露：百度公司社区搜索部、公共事务部、知识搜索产品市场部的 4 名员工涉嫌与外部人员勾结，对外部人员所提的删帖请求，私下进行了违规的有偿操作。其中 3 名员工已被北京市公安局海淀分局依法刑事拘留，另一名员工预谋勾结贴吧管理员收费删帖时，被公司发现而未遂。波及社区搜索部、公共事务部、知识搜索产品市场部等三大部门的基层员工。

2014 年 8 月 8 日，百度职业道德委员再次披露处理的

4 起腐败案：游戏事业部副总监廖某存在“流水回扣”关系，被检察机关批准逮捕；搜索资源合作部负责人王某某、品牌展示广告部经理陈某参与流量黑市交易并谋取私利被移送司法机关；展示广告运营规划部客服主管林某某利用职务便利，侵吞公司财产被检察机关批准逮捕；联盟发展部总经理马某某涉嫌商业受贿，被公安机关立案调查并刑事拘留。

2015 年 5 月 12 日，百度通过一封名为《打造阳光职场》的内部邮件，向全体员工通报了“阳光职场”行动查处的涉嫌职务侵占、商业受贿等重大职业道德违规行为的 8 名员工。

2016 年 9 月 20 日，百度职业道德委员会又一口气公布了 17 起违规案，涉及多个部门共计 30 人，其中还包括 1 名实习生。这些违规人员要么私下交易、要么贪污受贿、要么虚报费用。其中严重违纪案件有 10 起与百度糯米业务相关，最轻者被开除，严重者被移交司法机关并追究刑事责任。此外，还有北京客户发展部、渠道部、商务合作部等几个部门员工因不正常操作被处罚。

2016 年 11 月 5 日，百度方面宣布，百度副总裁李某某与被收购公司负责人私下巨额经济往来，主动引咎辞职。

2017年3月16日，百度宣布糯米原总经理曾某被解聘。曾某在担任百度大客户销售部总经理期间，利用职务便利，违规给某渠道代理商提供帮助，并从该渠道代理商融资过程中谋取私下利益，违反了公司职业道德规范，构成严重违纪。对此，曾某已经承认上述违纪事实、主动向公司认错并退赔了公司经济损失。百度解除了曾某的劳动合同，并对涉事代理商进行了处理。

2019年7月31日，百度发布《职业道德—严重违纪处理通告》，向全体百度员工通报近期公司职业道德建设部内部查处的12例严重违纪案件。其中涉事14人被辞退，部分员工被警方正式刑事立案侦查并被采取刑事拘留强制措施。涉及部门包括上海大客户销售部、百家号、IDG战略运营部、智能云、语音技术部、视频化业务部、新业务CKA发展部、联盟发展部、富媒体业务部等12个业务部门。

2020年4月21日，公司经调查发现，副总裁韦某，涉嫌贪腐犯罪。

那么百度披露这些信息的时候，真的会影响其股价吗？

表 5-2 百度相关信息披露后股价表现

时间	披露事件	前日收盘价	当日收盘价	后三日均价	均涨跌
2012.8.3	有偿删帖，非公受贿	$124.84	$128.94	$130.17	+4.2%
2014.8.8	黑市流量，非公受贿、职务侵占	$215.09	$217.98	$217.57	+0.4%
2015.5.12	糯米案，职务侵占	$189.97	$189.18	$190.81	+0.4%
2016.9.20	糯米案延伸	$186.37	$196.03	$192.61	+3.3%
2016.11.5	李某某案件	$167.7	$171.56	$170.38	+1.5%
2017.3.16	曾某案	$176.57	$176.62	$174.71	−1.0%
2019.7.31	人工智能案	$111.7	$109.21	$105.70	−5.3%
2020.4.21	韦某非公受贿案	$101.41	$101.75	$101.0	−0.4%

从百度披露内部员工职务犯罪情况和披露前一交易日收盘价、披露当日收盘价、披露后三日均价情况看，有几个有趣的现象值得关注：

首先，所谓公司高管职务违规或犯罪的利空消息披露后，并未引发股价的剧烈变动。李某某、曾某、韦某三位高管的落马信息披露的当日，股价均上涨；虽然曾、韦二人信息披露后三日，股价有小幅下挫，但这样的波动很难说明和反腐信息的公开有因果关系。

其次，低级别员工职务犯罪信息披露后，市场给予了积极的回应。从这个角度看，反腐信息的披露被市场解读为“企业重视廉洁建设”或“资源稀缺引发腐败”，反而容易提升企业廉洁形象，造成投资者从其他侧面解读信息。

最后，与公司战略信息披露的影响最大。最显著的下跌为2019年7月31日披露的百度人工智能相关业务板块的员工违规违法行为，这与百度公司的战略方向和投资重点一致，或将对市场造成了悲观情绪。但下跌5%左右的市值与正常范围内的波动因素相比，并无明显异样。

从百度敢于公开披露内部反腐“战果”可见，主动公开公司高管犯罪信息的披露，对该上市公司股票价格的波动产生的影响有限，多数为积极回应；进一步分析发现这种负面的影响在公告日当天最为明显，且市场可能提前得到了消息因此提前产生了反应；投资者更关注的是事件本身，而不是事件对上市公司治理水平、业绩等方面的影响。

在资本市场更加成熟的美国，学者SurendranathR. Jory等通过研究1993—2011年美国上市公司CEO违规行为带来的市场反应发现，虽然通过比较受到违规行为冲击的公司和利用各种匹配手段形成的未受影响的公司的股票价格和市场反应，投资者对公司CEO发生违规行为的市场反应是负面的，公告期内超额累计收益率出现显著负效应。并且，据粗略估计，在样本企业中 CEO 的违规犯罪行为使股东们付出 1 520 亿美元的成本损失。通过研究还发现，发生高管违规行为的企业通常是大公司，且董事会与总经理两职合一现象普遍。但具有显著现金流资源的公司受此行为影响较小。股票价格波动幅度在公告后几天内增大。但对投资者来说，这种对股票价格的损害冲击仅局限在短期。①

百度的“常规操作”背后还有如此大的市值管理学问！

第三节　大疆：刮骨疗毒的勇气

2019 年 1 月，舆论炸了。

网上传出大疆的内部反腐败公告。公告显示，2018 年，大疆进行内部管理改革，初衷是将管理和流程优化。

在这个过程中，大疆却意外发现，在供应商引入决策链条中的研发、采购、品控人员存在大量腐败行为。其他体系也存在销售、行政、售后等人员利用手中权力谋取个

① Surendranath R. Jory, Thanh N. Ngo, Daphne Wang, Amrita Saha. The market response to corporate scandals involving CEOs. Applied Economics, 2015, 1: 1-15.

人利益的现象。

公告显示，大疆处理涉嫌腐败和渎职行为的员工 45 人，腐败造成损失保守估计超 10 亿元人民币。随后，大疆方面向新京报、澎湃新闻等多家媒体证实，该内部公告为真。2018 年大疆共处理涉嫌腐败和渎职人员 45 人；其中，涉及供应链决策腐败的研发、采购人员最多，共计 26 人；销售、行政、设计、工厂共计 19 人。问题严重、移交司法处理的有 16 人，另有 29 人被直接开除。大疆已在公司内部公告上述涉案人员名单。

2019 年 1 月 30 日，大疆发布了《大疆创新关于反对职务腐败的公开信》，公开信中表示，大疆在 2018 年持续推进管理改革与提升，在这个过程中整改了许多被高速发展掩盖的问题，而职务腐败是其中最为严重的。

大疆表示，这一轮腐败行为保守估计损失金额超过 10 亿元人民币。这一数字为 2017 年所有年终福利的 2 倍以上。

据透露，2018 年，由于供应链腐败，大疆的平均采购价格超过合理水平 20%，其中高价物料少则高出 20%～50%，低价物料不少以市场合理水平 2～3 倍的价格向大疆出售。此外，还曝出不少腐败黑洞和手法。

根据合伙伙伴和内部员工举报的线索，大疆发现腐败的范围比想象的要大很多，现在也只是处理冰山一角，预计牵涉超过百人。大疆相关负责人表示：由于大疆是电子制造业，和互联网公司还不太一样，一是链条很长，二是一旦出问题都是大案。

大疆相关负责人表示，公司对于诚信反腐的建设一直非常重视，此前也有对违规行为的查处和纠正，此次确实涉及面较广，金额也比较大，公司已经成立了专门的反腐小组来深入调查，并开展诚信文化建设。“大疆不会因为发展速度快就宽容腐败，也不会因为腐败就停下发展的脚步。”

中国人说，家丑不可外扬，可是，谁家没有难念的经？

对于家丑，中国人总有一种特殊的情怀，就是哪怕再痛恨、再咬牙切齿，但也得捂着、盖着和瞒着，当做完全没发生一样，实在不行就内部互撕，然后含泪咬牙吞下这枚苦果。

当员工跟人沆瀣一气，吃里扒外，老板则当了冤大头，自然算是家丑；既然是家丑，那只能内部解决，免得闹得满城风雨，搞得自己脸上无光，说出去都丢人。

在传统意识形态中，当家长的谁都不想，也不会打算自曝家丑，也想着内部低调处理，免得让竞争对手看笑话。

不过，也有不想忍气吞声的人，他们宁愿让外人看热闹，也要将自家丑事翻个底儿朝天，其目的就是为了让那些干了丑事的人再也抬不起头来。

大疆的创始人汪滔，就是这样一个不怕家丑外扬的人。

大疆的现任CEO汪滔还很年轻，出生于1980年的他，刚逾不惑。

作为公司的老板和大疆的家长，汪滔难道不怕家丑外扬吗？

当然怕，也怕人言可畏，不过他更怕自己的公司被蛀虫们掏空。

原本，大疆在处理这些人的时候是抱着家丑不可外扬的心态，所以力求低调，尽量不对外发声。

然而，那些被处理的贪腐分子正是看准了这一点，在社交网络上大呼冤枉，大喊无辜，称大疆搞派系斗争，自己是办公室政治的牺牲品，公司为了利润迫害老员工等。

很显然，“闷头搞反腐”不仅容易让人误解，实则伤害的是公司管理的公信力。一段时间内，网络上的喧嚣，声大者有理；反腐败如果不能做到“敞开大门搞监督”，很容易授人以柄。

很多腐败分子正是看准了这一点，为了保命求财，于是扯着嗓子大声疾呼。一段时间以来，大疆的确非常被动，舆论导向被对手带着走。《公开信》的方式自曝家丑难免有被动成分。

于是，一场轰轰烈烈的反腐战争在大疆内部全面开启。

虽然被动，却是新生。

经过一段时间的深挖，大疆发现腐败的范围比想象的要大得多，目前也只是处理了冰山一角，预计牵涉超过百人，几乎涉及所有的部门，包括研发、采购、销售、行政、售后和工厂。

为了打赢接下来的反腐攻坚战，大疆成立了专门的反腐部门，并开展了一系列的舆论战，在公司内部倡导诚信文化的建设。

汪滔这次更是下达了战争动员令了，“一捂二瞒三降级”的处理手段则被束之高阁，取而代之的是雷霆手段和司法程序。

大疆所面对的职务腐败问题并不仅仅发生在某一家企

业，而是让各行各业都咬牙切齿又痛感无力治理。职务腐败的调查取证难度很大，员工失信的风险却很低。不少失信甚至贪腐人员即便被调查发现，也很少影响其更换工作继续职业生涯；有的员工利用一家之言甚至匿名发文都很容易为企业制造巨大的舆论压力，正如大疆正在经历的一样。不正之风如此嚣张，许多企业主、创业者在种种困难面前不得已选择暂时妥协，有的甚至持续被蒙在鼓里。

在行业中，公司贪腐人员与个别供应商形成了互相保护的"利益共同体"：对于已经调查暴露的腐败问题，供应商宁可失去企业后续的订单或继续合作的机会，也不愿意配合公司打击调查贪腐人员，反而将被辞退的涉贪腐人员推荐给同行业企业继续进行利益输送。

刮骨疗毒者，乃真英雄。

毫无疑问，大疆科技是一家优秀的科技公司，成立于2006年的大疆，用了不到10年，就成为全世界最大的民用无人机制造商，目前占领了消费级无人机全球70%的市场份额，之后一直处于市场领先地位，难有公司与之匹敌。

2014年的大疆整年营收约27.2亿元，2015年、2016年、2017年，分别是59.8亿，97.8亿，175.7亿，几乎每年业绩翻倍。根据2016年的数据：对于成本在500美元至 1 000 美元的无人机，大疆占 2016 年北美销售机型的 36%；价格在 1 000 美元至 2 000 美元的无人机，大疆拥有 66%的市场份额；价格在 2 000 美元至 4 000 美元的无人机，大疆更是拥有超过 67%的市场。

事实上，大疆并非不重视反腐与职务犯罪预防。在 2015 年 5 月接受《福布斯》专访时，汪滔表示，此前在对人的信任上曾受过伤害，当年做得更多的是管理工作，比如抓间谍。

“我们发现有人在偷我们的代码。我们还有一个员工离职前收集了设计图，后来卖给了别人。公司的第二个员工，那个因为没有得到足够股份而离职的员工，卖过山寨我们的飞行控制器。”他说。

互联网科技公司需要关注的腐败也不能局限在“知识产权”。

根据《麻省理工科技评论》：大疆基于技术迭代和制造规模形成了极大的价格优势，并通过不断降价持续保持优势。

职务腐败问题可以对整个产业链产生多大影响？从原材料采购、加工半成品到最后成为企业可用的零件，即使每一环节的腐败使得采购成本只上升 5%至 10%，经过三层产业链到达企业时，成本在无形中增加了16%至33%，令人触目惊心。

很显然，技术和成本是大疆的生死线！

在大疆的官方网站上，有一个供应商网页，上面贴着投诉采购部门、投诉内审部门的邮箱地址。

“最好供应商能跳出来互相指责。”据悉整风过后，大疆非常鼓励供应商举报相关线索给公司，并对提供线索的供应商给予奖励。

大疆的供应商之间是互相竞争关系，一家供应商为了争取更多的订单，就去举报大疆的采购人员以获取大疆的奖励，说采购人员哪天跟他吃过饭。这种事并不少。

对于内部采购人员，在大疆，是不允许接受供应商的宴请的。

此外，大疆推行了全民大PK政策，鼓励每个员工都可以去找自己熟悉的供应商。只要找来的供应商价格比公司的价格便宜，就可以拿到奖励。推行扁平化管理的大疆，提倡跨界，这种跨界体现在，身为研发工程师，有可能会被调去做销售或采购；作为下属，你可以去举报上级。

在广东省深圳市政协六届五次会议上，大疆提交了《关于加强企业员工廉洁从业建设的提案》。提案中呼吁通过企业与政府配合，建立“高风险岗位从业人员的诚信档案数据库”，让接近重大资金与利益资源的高风险从业者在阳光下工作，建立终身信誉制度。通过完善的用人单位工作历史记录，与适当的财产申报体系，让高风险岗位的从业人员接受开放公平的监督，使高信誉的专业人士获得“超额”薪资回报，以及更受尊敬的职业成就，同时淘汰价值扭曲的投机者，更多企业在突破技术的同时，加速突破成本困境。

第四节 叮咚买菜：站在风口的清醒

毫无疑问，生鲜行业是消费产业最难啃的骨头——又大又难啃，让人又苦恼又惦记。

惦记，是因为它被认为是最后一块消费“处女地”：生鲜天天买，消费频次高得吓人，市场规模几万亿，相比饮料、化妆品、服装等都要大出一个数量级。

截至 2019 年，生鲜线上化的程度还非常低，约为 5%，现在还有超过 70%的生鲜消费是在传统农贸市场完成的，但线上零售占社会总零售的总体比例却在 20%～25%。

如此大的想象空间，机会当然就会层出不穷，于是生鲜当然就成了资本的“必争之地”。从融资金额看，生鲜遥遥“领先”——谊品生鲜，2019年3月腾讯领投20亿元；呆萝卜，高瓴资本融资1亿美元；生鲜传奇，完成了数亿元的B轮融资。

这里还没有算上阿里、美团、京东、苏宁……

这两年大量的创业者在生鲜领域里探索：互联网+生鲜，到底有没有可能出现大机会?

叮咚买菜出现了。

一、生鲜行业的反舞弊，大家都是“新手”

叮咚买菜成立于2017年5月，截至目前，已经部署12个城市服务，集中在华东和北上广等一线城市，拥有超过700多个前置仓，3万余名员工，日均到家的成交单量超过70万。并以极快速度在全国各大城市选址、选仓、建仓。

单单通过这个数据可能发现不了这家企业的生存之道。

美团也曾想到过可以给餐饮企业提供信息化管理的产品，但几经折腾至今没有对外拿出一张真正的成绩单，足见这项纵深工程的专业难度，以及它可能并不是眼下这些企业迫切要解决的刚需。最终，才在营销渠道和数字化升级之间，找到从渗透难度上恰好处于中间位置的服务抓手——卖菜。

2020 年，当疫情把城市居民困于家中“买菜做饭”这个刚需，促成了生鲜电商培养用户习惯的绝佳机会。美团、饿了么、每日优鲜、京东到家等 App 的 logo 下方，近两个月齐刷刷换上了“送菜到家”“买菜无忧”“安心买菜”这些与“菜”相关的营销标签。

但是这些 App 各有各的卖菜思路。美团选用的“线上下单+前置仓”覆盖周围 2 公里到 3 公里社区居民对生鲜、日杂的购买和即时配送需要——可这种模式并非它的原创——师父就是叮咚买菜。

叮咚想把互联网+卖菜，做到像喝自来水的需求一样，成为每天的必需品，并且像自来水一样便宜、方便。叮咚买菜和每日优鲜已分别在京沪两地以“线上下单+前置仓”的模式深耕三年，它们既是美团这一轮学习模仿的对象，更是它在当地最大的对手。

所以说生鲜行业的整体发展的程度决定了反舞弊模式，没有成熟经验可以复制。

当下几乎所有拿过融资的生鲜创业企业，都还是靠投资人的钱活着，没法自己造血。这个状态很危险，呆萝卜在 2019 年 11 月底就爆出了资金链断裂。

生鲜实在太难做：整个行业还没有看到明确能跑通的新模式，也不像化妆品一样，会受“新内容”“爆款”的趋势影响那么深。

即便李子柒用视频记录了四川农村的生活，穿着古装，用古朴的农村器具，做中国传统美食，在 YouTube 上有 700 多万海外粉丝，在淘宝上能卖光 60 多万份藕粉。但目前把握新内容的还是小作坊和个体户。

做生鲜非常难，做生鲜反腐难上加难，一切均在探索中，而叮咚的实践，无疑是具有代表性的。

二、叮咚买菜的反舞弊部门叫“防损中心”

当得知叮咚买菜的反舞弊部门叫做“防损中心”时，传说“圈内”前辈有些微词——怎么还在用防损？应该是合规、资产保护、内控。

名字本身即是公司需求的符号化抽象。既然没有成熟模式，那么源于最迫切的需求就成为了这个部门的“乳名”，对于一家处于探索中的企业，反腐的确不需要一个太遥远的名称，取而代之的是迫切需要一个切入点，风控、廉政、监察可能没有防损这么本真。

虽然叮咚买菜的反腐团队也很纠结，虽然未来的方向的确需要向风控、内控、监察发展，但是当下整个公司没有基本的内控管理惯性的局面下，需要非常快速地去扩张和裂变，就需要更加简单直接的逻辑——先把防损的逻辑植入业务链当中，把基础的防范意识，诚信意识、降损意识做起来。

做防损对于做买菜的确是一个关键词。

一来利润太薄。

消费者对价格格外敏感，化妆品行业的毛利在80%左右，而生鲜行业平均毛利只有15%。新鲜蔬菜、鲜鱼、鲜肉，都是从田间地头生产，没有什么加工环节，也很难提升附加值，所以就没有品牌溢价的空间。因此，一个环节的“跑、冒、滴、漏”造成的损失巨大，防损比风控来得更实际。

二来物流太贵。

虽然中国物流的便利和便宜程度已经全球领先，但这套网络只适合常温产品。生鲜产品物流的特点是，保质期短、损耗高、需要冷链，成本自然就上去了。在没有成熟经验可以借鉴的前提下，模糊边界以适应发展也成为了防损部门的首要选择。

三来腐败太易。

生鲜没有统一标准，一斤水果采购价是3块钱还是4块钱，很难判断。采购环节天然就有很大的贪腐空间。呆萝卜据说就是因为内部的贪腐没办法控制，导致资金链断裂。防损对于一个初创企业，由于更贴近业务，的确也比监察显得更容易让人接受。

成立三年来，防损部门办理的所有线索及职务犯罪案件中，基本没有涉及高管理层人员，在诚信的活动上是叮咚买菜的创始人亲自操刀给所有人讲诚信的故事，HR、品控的负责人一起做价值观宣导。

叮咚是一家非常开放同时又响应快速的公司，整个公司没有考勤，上下班自由，与预防、管理、打击腐败对员工价值观的影响相比，对公司底线的守护能让更多伙伴投入，正义员工也有更多获得感，就这样“防损”成为了叮咚企业价值观塑造的必要一环。

三、“不确定性”是生鲜领域反舞弊的最大痛点

互联网生鲜行业反腐败面临的不确定性非常多。

首先是季节。一个蔬菜单品，2020年1月份云南最先

上市，价格是每100克12元。公司为了要上这个单品，抢占市场，采购就和农户签了合同，但是如果在夹杂人为因素后，合同拉长了期限限制，会造成什么后果?

供货完半个月之后这个商品的成本就下降，因为此时四川的竞品、山东的竞品准备上市，供需关系瞬间发生变化，产品由供不应求变为供过于求，最早签订合同的价格开始溢出，对整个单品合同价产生非常强大的影响。

一开始签12块钱的合同，如果这个合同，在价格上没有及时跟进的话，在一个半月之后这个单价已经变到了1块钱。里面就有11元每100克的空间。

其次是环节。生鲜产品根据季节、产地，有各种运输链路，基本很少有单一农户能满足全部需求，这中间会经历很多的供销社，经历很多需要去集成的资源和中间商。

每一个环节的沟通，都会让整个的成本结构发生变化。

于是生鲜行业的反腐败调查，就变得异常的不确定，异常的复杂。需要去确定到底1月上旬该是什么价格，然后1月下旬它又是什么价格。

案件往往具有滞后性，当2月中旬发现这个单品成本异常的时候再去调查，它所有的合同审批流程都是合法合规的，管理的审批员都审批过了，还原真实的舞弊场景和心理就变得异常困难。

再次，蔬菜是非标准品。“世界上没有两斤品质一样的辣椒”。与产品的品质相关的点，是在任何公司可能没有遇到的，会涉及很多腐败的点。如果中台品控人员、前端的采购人员能够达成一致的意见一并舞弊或者贪腐，对于非标品情况下的低单价价格来说很难，查办就变得异常困难。

生鲜的模式上，采购会不会收次品，会不会收打七折的产品价格然后原价交付？一批商品按照品质要求送过来的时候如果没有达标质检为什么没有拒收？一个案件可能会从一个采购人员，到处理一批的品控人员。不管是从前仓的仓库选址、装修、配送人员还是采购、品控，在每天都发生变化，每天快速的流失和补充人员，每一天围绕不同商品发生的舞弊都不一样。

四、集中资源用在刀刃上

生鲜的复杂性需要用非常彻底的采购管理机制变革来解决：

前置仓是一个很好的切入点。所谓前置仓的模式就是从前段的采购，到每个地区每个城市的分选中心，做成整车拉过来，然后分选中心把它做成一个标品，配置到每个前置仓。叮咚700多个前置仓，服务70万单的交易，每个前置仓每天要完成一两千单的交易量，最终到用户的手中。

叮咚的防损团队就从前置仓的反腐败入手，集中优势兵力监控最关键的环节。围绕前置仓，把整个采购的订单开发、订单决策、商品运营、品类采购这几个部分分离；分离之后，再去分析其中权力的争夺、资源的竞争、背后的算法分拨，就容易把导致腐败的点找出来，提高腐败的难度。

叮咚在厨房生鲜上，大约有五六百个单品，通过以前置仓为中心，向上下游链条辐射延展的方式，防损部门就能够在同一时间监控全国所有基地的价格。从而追踪到分布在各个省区各个省份还有各个基地的背后七八百人员的行为特征，后台通过大量的数据去追踪相应的品质变化，以及成本的特征。

疫情期间叮咚防损部门静下心来做了大量和业务相关的数据沉淀，运用互联网公司的特性分析提炼腐败模型，倒追整个链路过程，如：“为什么同一个单品和合同，在两个时间内成本发生了七次变化?”

这个事情有问题吗？不一定！但是如果没有及时预警可能就会产生问题，基于这些状况，叮咚的防损中心做了大量数据监控工作，跟成本相关、跟损耗相关的异常阀值，当有异常的信息出现的时候就核查相关的合理性。

通过围绕前置仓的数字化排查和数据分析来不断识别业务特征，深挖数据产生线索，叮咚的防损部门已经看到非常大型的案件，可能造成近千万的损失。所有发现的这些问题背后都是在帮助这个处于风口的企业弥补管理的漏洞。

第六章　织密“不能腐”的网格

自由并不意味着人们想干什么就干什么，自由仅仅意味着在法律许可范围内做一切事情的权利。

——孟德斯鸠《论法的精神》

第一节　企业反腐体系的建立

“不能”强调制度治理与律法规范。防止腐败扩散蔓延，既要靠依规依纪依法惩处，又要靠制度治理和监督约束。一方面要进一步建立健全制度，第三道防线需要协助其他条线明确权力边界和运行规则，准确梳理廉洁风险点，把权力关进制度笼子里；另一方面，要更加主动开展监督，统筹衔接风险控制、案件调查、审计监督，推动事后监督同其他监督贯通融合，把各类监督与推动深化改革、完善体制机制、与企业战略目标结合起来，使员工习惯在受监督和约束的环境中工作生活。

具体来说，一方面要完善企业内部反腐制度，企业的内部反腐制度是预防体系之基础，反腐制度应当清晰、准确地规范企业员工行为，明确企业员工不应该做什么，做了会承担什么样的后果。反腐制度要求可触及全体员工和相关第三方，并且应当定期审阅并予以更新，以确保其内容及时有效。对于腐败易发领域，还应相应制定更加详细的制度细则，如利益冲突申报制度以及礼品馈赠申报制度等。利益冲突申报制度，是指通过缜密的制度设计，使个人利益远离岗位权力，以防止两者之间的冲突的制度，其是预防腐败的一个重要前提，它是抑制腐败动机产生的预防制度。

另一方面，企业还应当制定各项合规制度和流程，在完善的信息公开机制保障下，建立阳光透明，公平公正公开的企业内外部环境。结合风险管理“三道防线”的理论，业务部门作为风险管理的第一责任机构，应建立完善各类业务流程，明确岗位职责及权限，细化业务场景并全面推动流程标准化，降低“人治”的概率，把权力装进制度流程的笼子中。包括法务、内控、财务、人力、质量、安全等，所有可以协助一线业务部门进行风险管控的职能，都属于支持职能部门，即第二道防线。第二道防线应有效履行各自专业职责，针对业务流程中各类潜在风险提前识别，及时优化，不断降低企业经营风险。审计、监察部门作为保证职能部门，即第三道防线，通过检查风险疏漏和控制缺陷，帮助第一道防线修补漏洞；通过查处人员舞弊，形成不敢腐的强威慑，配合第一道防线的建设，在保障企业经营管理的同时，守护企业员工的职业安全。

第二节 美团：织网的考量

2010 年成立的美团和“九败未胜”的王兴，站在山脚下。

迎面而来的山峰，有窝窝团、拉手网、点评网、24 券、糯米、团宝网……这一时期，在互联网圈被后来者冠以斗争精神的名字——史称“千团大战”。

千团大战，资本加持着众多竞争对手，疯狂冒进；美团和王兴始终保持理性的克制，在成本与收益之间进行精密计算，于客户与体验之中开展深度耕耘……

2011 年 7 月，美团的一场新闻发布会上，32 岁的王兴当着乌压压镜头，出人意料地亮出 6 200 万美元的弹药账户，以对团购模式的精深理解和不走寻常路的姿势，悄无声息地为焦灼团战画了句号。

2010 年末，美团还在为试图成为前三而挣扎；2012 年初，已经终结了一场战争；2015 年 10 月，美团与大众点评完成合并；2018 年 4 月，收购摩拜单车；2018 年 9 月 20 日，美团点评在港交所完成上市；2020 年 9 月 20 日，美团股价已经涨至每股 241.6 港元，累计涨幅为 250%，市值过万亿港元，10 年抗争，美团终于成为本地生活领域的王者。

从腥风血雨中鏖胜的美团有着扎实的基本功，在公司高速发展之际，质量、成本、速度不可能三角平衡，美团的实践充分回答一个困扰很多创业者的问题——高速发展时期，如何选择反腐战术？

正如虽然大家都团购，美团就能胜出；也如虽然大家都反腐，方法、路径、对行业的理解不同，结局也是迥异。选择怎样的反腐战术，才能最终让企业走向廉洁？

天下武功，唯快不破？美团明白，登山没有一条唯一固定的道路，有多少人就有多少条路。

第一组图片是蘑菇，第二组图片是一堆灌木丛，第三组图片是参天大树。很多大型企业集团公司都会把业务版图覆盖多个行业多个领域，变成护城河；但是当行业下行、融资艰难、业绩下滑、利润趋薄时，每个企业在业务发展战略上就会有所选择，蘑菇形的业务、灌木型的业务就有可能被淘汰掉，只剩下参天大树。

随着业务线越拉越长，大量基层销售、运营人员与平台商户钻企业规则的空子进行私下交易，常见于以美团为代表的，拥有大量线下地推团队的互联网企业。某些供应商为了获取流量和客源，往往会利用监管环节上的漏洞，以回扣、返点等方式向平台的采购、销售人员进行利益输送；而个别内部人员手法隐蔽、形式多样地进行权力寻租，有时甚至内外勾结，监守自盗；而基层管理者为了光鲜的业绩，往往睁一只眼闭一只眼，坐视企业利润被侵蚀，成为O2O行业共同的痛点。

美团从蘑菇成长为参天大树，充分说明了其反腐战术对公司战略的深度陪伴：当企业战略制定后，反腐战术如何和落地就是要深入探讨的课题——查哪些人？查哪些关键岗位？队伍怎么建设？怎样防控和治理？只有有效的战术才能确保战略成功。

首先，点状反腐——打好结。

点状反腐战术又称政策式反腐。反腐团队在刚刚组建时，人员有限、资源受限，且反腐部门通常晚于公司成立；舞弊正伴随着业务的野蛮生长也易发高发；同时廉洁文化尚未建立，员工和管理层对于廉正的感知和认知相对较低。此时制定红线制度比较关键，需要先简单明了地告诉员工有哪些事干了就要被开除，甚至被移送，这样的红线不要太多，不要追求面面俱到，最好是从小事入手，抓住一个点打透。

美团监察部成立于 2014 年 10 月。从 2014 年成立到 2016 年底，是美团反舞弊 1.0 阶段，战术是内惩腐败、外打黑产。这个阶段平均每年黑产加内部人员作弊的不低于 300 人，占员工总人数比约 3%。此时，监察人员主要来自企业里面懂业务的人，即业务人员转型做监察工作。

探索期的业务相对单一，进度较快，费用投入高，管理粗放，分工不细，一个部门承担很多工作，此时员工和管理层都刚刚加入这个公司，总体氛围积极向上，没有形成利益团伙，但对廉正的感知还是比较薄弱的。

点状反腐战术就是打早、打小、打苗头，要在舞弊初期的时候下手，如果等到法不责众就较为棘手；战术要聚焦费用投入比较多的领域；战术效果是做权力制衡。

战术武器有五个：第一个是样本分析法，或者叫举一反三法，即根据一个案例来反推还有多少人通过类似的手法或者关联的手法舞弊，公安背景的监察人员用这种方法最多。第二个是资金分析法，围绕一个企业资金从预算、申请、使用，到核销，通过分析整个链条里的漏洞，发现背后的舞弊风险点，审计、财务背景的监察人员比较常用这种方法。第三个是权力分析法，对于关键岗位，有什么样的职权，这个职权怎么进行寻租、利益变现，检法背景的监察人员有比较深刻的研究。

此外，应该打造团队整合资源的能力，使用业务流程梳理法和异常数据与行为分析法。业务流程梳理法是基于一家企业从业务起点、过程、到末端的全链条管理，按照信息流、业务流、资金流的流向，把关键节点梳理出来，通过对这些节点，做长期的数据关注、异常行为关注、动态变化研究，有利于制定更细的反舞弊战术、投放反舞弊兵力。

这一阶段的舞弊打击需要有目标意识，以防投入过多管理资源劳而无功。目标可以用以下四条标准来衡量：一是直接产生案件，由于互联网公司的数据部门、交易部门、流量部门，在平台有非常明确的数据，可以看到哪些数据是比较偏离的，可以直接形成批量的案件打击。二是批量线索，由于O2O线上与线下结合非常紧密，而线上线下的不一致性可以成为关注的线索，可通过线索来摸排，通过线索的管理来找到相应的案件，通过线索的查处最后变成案件的查处。三是内控缺陷，每个案件都代表，要么是管理流程缺陷，要么是管理流程执行缺陷，需要把缺陷的识别当作舞弊发现的重要方向，长期关注舞弊高风险点及领域，监测舞弊治理效果。

其次，批量反腐——拉好线。

批量反腐通常是团队进行点状突破后的广度尝试。随着明显易查的舞弊被发现和处理，团队也进入成长期，团队经过一到两年的耕耘之后，反舞弊的权威性逐步提升，舞弊也随之转入“地下”。

美团反舞弊第二阶段是2017年1月份到2018年6月份，查漏补缺阶段，核心放在反舞弊项目批量打击、批量防控，针对每个漏洞进行打击与防控，内部团队成长为三十个人左右的规模，并开始做人才升级，引进了一些其他企业的监察负责人加入。

公司业务由初创期和探索期向成长和成熟期发展，业务已经相对复杂了，节奏放缓，出现利用管理漏洞和手上职权进行舞弊的情况，逐渐形成内外勾结的利益团伙。舞弊者往往容易利用管理不善和业务流程来作弊，往往是一个漏洞会被多个人发现，多个人利用同样的漏洞来作弊，所以手法有一定的相似性。此时员工对于廉正文化有一定的认知和认可，且舞弊有一定的相似性，这个阶段是批量式反腐，以打击来促防控。之前的红线底线需要被逐渐精细化，把网织密。

批量反腐战术就是打大、打多、打彻底，要在舞弊已经成“套路”的时候下手，避免死灰复燃；战术要聚焦危害比较大的领域；战术效果是做存量消除。

战术武器有四个：第一个方法是内控缺陷整改，即根据每个舞弊风险情况来分析，找到舞弊产生的必要条件，并针对性地对这个条件做内部整改，专业术语叫内控措施，同时对这个措施实行一段时间之后要做评价，看其效果。第二个方法是风险预警，通过内控指标监测、内部风险排查、风险意识普及，提升舞弊风险感知，再通过同类企业、同类友商碰到的风险，做内部举一反三筛查，力争把舞弊风险遏制在摇篮阶段或者遏制在萌芽阶段，或者遏制在曝光阶段，避免风险放大，提前动态预知不利因素，力争控制在可接受的范围内。第三个方法是典型案例宣导，从“打”向“建”进行战术迁移，随着业务逐渐成熟，这个时候企业的管理逐渐完善，大部分作弊机会已经被堵塞，此时需要反腐团队进行有效的对外宣传，占领舆论高地，形成认可并且践行的廉洁文化，提升廉正感知度和信用度。第四个方法是专项整治，其中，通过供应商利益关系排查，规范企业员工与外部供应商的阳光透明的关系，培育廉洁土壤，如果内部人员跟外部供应商有比较亲密的利益关系，很难公平地开展管理工作；通过礼品申报制度，防止超出正常礼品来往的范畴，成为利益输送的载体；对于广告投放、渠道运营等掌握着大量公司资源的岗位，由于人员入职背景很难全面掌握，所以需要定期轮岗、转岗，实行敏感岗位定期轮岗制度。

怎样使用这四个战术武器？以美团的外卖渠道业务举例。

美团在全国有约 2 000 个城市做渠道业务，美团与代理商的风险管控，从它的引进开始，包括引进标准、招投标等，到过程管理，包括业绩下滑、薪资评估，到结算，代理商的年度评估不合格的退出等。美团监察团队将这个易腐渠道分成四个框架，依照流程梳理共计 20 个舞弊风险点。20 个舞弊风险点对一个大的业务单元来说，不可能在短期内把全部消除掉。

所以美团开始进入第二个阶段，风险的评估与预警，从“两张表”开始。

第一张表是根据风险发生的可能性以及它的影响力做九宫格的分析，在九宫格的红色区，就是右上角三个模块属于高危风险点，把这 20 个舞弊风险点用九宫格分析出来之后得出关键点在哪里。

第二张表叫矩阵分析，依据对舞弊控制打击需要的时间以及效果，把这 20 个项目的措施细分，分为快速风险控制项目和需要时间见效的控制项目，这个也往往是核心的风险。后两者可能在前面已经控制有效的情况下才考虑，通过这两张表，可以把业务线的舞弊风险导出来，同时也可以把控制的步骤优先级明确出来。

最后，精准打击——收好网。

采用精准打击战术通常针对前期点状打击、批量打击后剩余问题。这些问问往往是些难啃的硬骨头，是随着公司廉政文化和监察权威的建立，反腐败向着深水区开进遇到的避不开的问题。

2018 年 7 月至今，美团的反舞弊工作又进入一个阶段，一般的岗位由于体系化的治理、系统化的控制很难有作弊空间，关键岗位、敏感岗位往往是作弊的重点。

团队在这个深度反腐、精准打击的阶段需要做精细化分析，团队人员构成也向着复合型发展。此时团队中应当有具备审计、内控背景的人才，他们比较善于发现舞弊线索；有原来从事公安工作的人员，他们对于线下取证、面谈有非常经验；有数据挖掘的人员，能够具备数据建模反哺业务的能力。此时腐败问题退缩到某些关键岗位、关键领域、少数人身上。比如采购、招标、广告、营销、渠道……这个时候企业的规模上来了，管理也完善了，体系化的治理才能从根源上解决问题，同时需要多个部门协同，单靠监察部单打独斗解决不了问题，需要一起发力，建立人人参与的廉正管理体系。同时我们对廉正文化有一个很好的指标来评估，来指导每年监察部或者说整个廉正体系的发展方向，需要对公司做有效的廉洁诊断。

精准打击战术即发现即摧毁战术，要深挖利益链、找出巨蠹，避免塌方式腐败，战术要聚焦危害比较大的领域，战术效果是以一儆百，形成震慑。

此阶段的反腐战术因公司业务不同而不同，因而更难把握。由于成熟阶段的公司行业特性和业务特性非常复杂，按照企业类型可分为生产制造企业、研发企业；按业务类型可分为交易型公司，销售导向公司，也有平台型公司……不管什么类型的成熟企业，在反腐上最大的问题聚焦在泛采购、泛市场、泛渠道领域，这是每个企业反腐的难点和核心。

以美团为代表的 O2O 互联网，公司最大的资产是“信息和数据”，最大的腐败空间和最影响客户“获得感”的区位集中在灰黑产。以虚假公众号，大 V 这些账户类的舞弊灰黑产；淘宝店小二，利用手上运营团队的运营权的舞弊灰黑产；以及游戏公司的虚拟货币、虚拟资产等游戏灰黑产都在干扰、破坏平台公司流量生态。

以美团 2018 年左右的外卖配送事业部为例。该事业部会基于用户、商家、配送、促销发放不同种类的补贴，黑产也随之滋生。

该事业部线下团队较大，包括传统企业销售人员，互联网企业地推，人员队伍非常大，他们有虚假业绩的作弊手法，是把一些违规店铺搬上来，这些都是作弊的重点。

2018 年的美团外卖配送，每天在马路上有数十万骑手在奔跑，给大家提供配送服务。外卖业务有一个规则，如果用户下了单，因为骑手运力不足，而导致商家并没有卖掉，这个损失由美团来赔偿，规则是为了让产业更健康，但是被一些黑产所利用，美团曾打击了一个涉及六个省市的三个刷单团伙，他们通过这个规则进行诈骗，短短三个月获利数百万。

打击过程中，美团监察团队首先通过对外卖配送业务进行流程、资金使用梳理，识别到了舞弊风险点。监察团队对舞弊风险点进行了长期的监控，运用风险监控的方法，发现数据异常之后，迅速做了舞弊发现的项目立项，针对项目里面的异常情况进行分析，最后发现全国六个省市五百多个商家涉案，涉案金额400余万元，从发现到报案到公安机关立案侦查，仅仅用时一个半月。

互联网经济依靠汇聚海量用户，并通过搭建平台提高用户黏性，凭借广告、佣金提成、销售产品和数据及其他增值服务，使其具有盈利渠道多样化的行业特点。而通过平台、流量的规模优势在网络交易中获得的高利润更进一步诱发雇员腐败。可以说，互联网平台只要是存在人为干预的地方，都有可能滋生腐败。

由于盈利模式、资产结构等不同于传统的民营企业，互联网企业内部腐败的成因、表现形式以及对社会生活各方面造成的影响都具有明显的变异特征，除与传统行业具有共性的腐败行为，如商业受贿、职务侵占、虚报费用、私吞推广费等之外，互联网行业还存在自身所特有的腐败行为，包括篡改店铺排名、为商家刷单、改删评价、泄露公司信息、非法入侵计算机信息系统等，传统民营企业现有的反腐经验和措施难以有效遏制这些新生腐败样态的滋生蔓延。

因此，美团尝试紧密结合企业腐败发展的新动向，与时俱进地完善自身反腐败体系的反腐战术，建立起一套切合实际、具有可操作性、针对性强的反腐败长效治理体系。2020年，美团发布《廉正框架体系暨阳光委员会运营机制（1.0版）》：通过强化阳光委员会的运营能力，整合职能部门、业务主体，统筹推进各项廉正工作，促进衔接协同，形成反腐合力。推行“三道防线”风险管理体系，实现舞弊风险的闭环治理与持续改善。坚持“三不”（不敢、不能、不想）成熟方法论，对调查、预防、宣导进行全面推进，对不同业务、职能属性的单元，结合其成熟阶段各有侧重。最终让廉正成为美团的一项组织能力和核心竞争力之一，实现“廉洁美团、廉洁生态”的战略目标。

第三节　美菜：供应链也有反腐力

一、极长的供应链是孕育腐败的温床

生鲜电商的逻辑起点是一个存在了数千年的产业——农业。中国的“三农”问题可是一个历史悠久的宏大话题。一直以来，服务农业都被看作是投入高、产出低、见效慢、不可控的行业，都是资本敬而远之的行业。

特别是农产品配送，业务链条长，采购、仓储、配送、销售等各个大环节拥有上千个小环节，而每个环节又可细分上百个控制点，“跑冒滴漏”占据“天时”；加之生鲜商品产地分散、价格不透明、波动频率高，腐败行为就有了“地利”；从事服务链的人员众多，菜品生产者、平台采购者、餐馆验收者……链条的冗余越多，可以用来寻租的空间就越大，面对反复的利益诱惑，多数人很难保证坚守正道，于是腐败就有了“人和”。

从供给侧情况举例，北京市场的西红柿，可能来自四川攀枝花米易县，也可能来自山东寿光。农户收购价格也许只需要5毛钱一斤，装商品使用的黑框、垫纸、塑料保

鲜膜等成本以及分拣、搬运装车、代办、运输、卸货等费用繁杂，外加批发商、中间商等层层加价，到终端客户购买的时候，可能需要三四块钱，价格翻了好几倍，这中间的可操作性的利润空间巨大。

从需求侧情况举例，小餐饮老板要求其实很高，又要便宜还要好，种类还要多。如果客户是鱼头馆，必须找到合适的鱼头；如果服务小龙虾馆，要去找合适的小龙虾；如果服务沙县小吃店，要提供馄饨皮……现在像北京、上海一般餐厅都会要 3 万个 SKU[①]，一般餐饮小店也不会少于 1 万个。即便是再低的单品采购价，乘以数以万计的采购量，也可以实现不菲的价格总额。

二、被餐饮锤炼的供应链

只做“供给侧＋供应链”，会容易因为采购遇到反腐问题，最后导致窝案频发，麦德龙有深刻教训，所以麦德龙形成了做飞行检查的惯例。

只做“集采＋中间商”，不接触销售端，很容易舍本逐末，如同“宋小菜”，没有接触真正的消费者，很难生存。

---

① SKU：连锁零售门店中有时称单品为一个 SKU，即最小存货单位。

美菜的供应链是被反复“蹂躏”过的，也正因为如此它无法成为跑得最快的，但却是经历时间沉淀，走得最稳，最可能实现盈利的那个。即便到目前为止，没有任何规模化的线上生鲜模式实现盈利。

餐饮供应链和零售供应链的关系是美菜反腐的逻辑起点。

零售的核心逻辑有一个天然的假设，那就是客户实际上只能选到零售商选过一遍的产品，零售商是替用户选品。由于每一个门店的面积是有限的，不论零售商多么善解人意，他能陈列的 SKU 始终有限，只好去寻求一个最大公约数，但仍需每月迭代。

只有当零售供应链在数量、价格、品质等多维度精准与客户实现交集时，交易才会发生。

而美菜改变了这样“碰运气”的局面，美菜服务餐饮，是典型的需求驱动。成立于 2014 年 6 月的美菜网，是中国领先的农产品移动电商平台，一直致力于用前卫的理念和先进的科技改变中国农业市场。美菜通过“精准供给”，帮助全国近千万家餐厅做“精确采购”，缩短农产品流通环节，降低商户供应链成本，通过全流程精细化管控菜品从田间到餐桌的每一处细节，在提高农民收入的同时，减少压货风险，降低菜品损失，促进资源更合理分配。

三、用供应链能力反哺反腐逻辑

很多人都有这样的感受：蔬菜水果在市场上的正常零售价差不多比“美菜”和“餐馆无忧”这类给小饭店服务的 App 报价高出 10 到 20 个百分点。

为什么?

因为在菜市场卖菜，尽管有特别能砍价的北京大妈，她支付的对价也必须包含运送等服务成本，和类似于美菜商城这样帮小饭店批量配送蔬菜，省去饭店老板披星戴月去新发地批发市场上货的成本。

美菜的模式能够拥有闭环生态圈，在多元的利益关涉者之间找到控制腐败风险的最佳节点。

服务餐饮，则是典型的需求驱动，每一个分类的餐饮都会逼着美菜去培养供应链能力，客户需要什么，就提供什么。通过七年的发展，美菜在锤炼供应链能力的同时，也锤炼了通过供应链的市场反馈来倒逼内控的能力。

例如：食材成本是开店的第一大成本，今天餐饮业竞争愈演愈烈，往往是能控制多少成本，就意味着能赚多少利润。

很多小店都把常进的菜，做一张标准对照表，让员工在验货时逐一对照，且每次都对进货进行拍照、存档。如果货品没有达到标准，小店的一线员工都能瞬间拒收。

比如，四季豆，小店的验收关注“表皮是否光亮、大小是否匀称、有没有虫眼、有没有腐烂，过嫩的、过圆的、过扁的都不能要”。再比如，西兰花：“花绿，梗短，花紧，无虫，也无虫卵”。这些经过千锤百炼在北上广大街小巷能活下来的餐饮小店，一线员工对菜品的关键验货点都烂熟于心；同时，这样的苛刻标准也锤炼着美菜的内控监察团队。

美菜网一直在探索从全链路进行管控，提升组织效能，优化各个环节，以确保客户购买到质优价廉的商品。同时，风控合规中心也对所有交易环节进行严密监控，确保整个供应链条公开透明。

在这样的逻辑下，腐败行为给消费场景带来的冗余会被打通全链条的供应链体系不断优化掉，从而将腐败控制到一个较低的水平。

四、激发员工善意，降低舞弊风险

诚信作为美菜网的核心价值观之一，是保障美菜业务正常开展的基石。美菜网自成立初就非常重视诚信文化的建设，为此成立专门的部门——资产保护部负责维护公司的诚信文化建设。

被餐饮锤炼的供应链，使得美菜的商品在有竞争力同时，还能覆盖全国三百个城市，在全中国没有哪家企业做供应链比美菜做得更深，也没有哪家企业的农产品供应链的风控环节比美菜更透彻。

于是美菜把供应链开放出来，和很多零售企业一起合作，把供应链做深做透做强，建一套供应链的基础设施。这样可以累积更多的规模，就不断地往农业上游走，用科技、人才和资本变革产业链，提高效率，提高品质，提高服务，降低冗余成本。

因此，美菜网的反腐策略主要以向员工传递诚信期望从而激发员工善意的方式为主、打击舞弊案件为辅，持续降低舞弊行为的发生。通过预防、查明与应对，将公司的舞弊风险控制在合理与适度的范围。

美菜的反腐部门于 2015 年初组建，随着业务的发展，部门的使命及组织也不断进行迭代升级。2017 年部门更名为内控监察部，2020 年更名为风控合规中心。

部门的使命为通过主动、专业的风控服务，打造公平透明的营商环境，助力公司为客户提供质优价廉的商品。同时，公司成立了廉政委员会，由 CEO 担任委员会组长，风控合规中心负责人担任执行组长，各级部门负责人担任委员会委员。该委员会负责审核公司的廉政诚信条例、制度；审查公司廉政、诚信氛围；对存在处理分歧的腐败以及不诚信案件作出最终裁决等。

五、坚持预防为主

在最大化激发员工善意后，美菜把治理资源更多地投放到预防腐败方面。

美菜相信每位员工在诚信方面的善意，以及维护公司诚信价值观的潜能，为了让每位员工从思想上重视诚信，建立正确的人生观，他们制定了《云杉世界廉政条例》《创建诚信美菜奖惩政策》等制度，并对制度内容长期进行培训、宣导、考核，以便员工对公司的廉政制度有深入的理解。

对于不诚信案件，美菜始终坚持零容忍的态度，发生一起，查处一起，并进行全员通报；对于举报不诚信或主动拒绝腐败的行为，公司设置了最低 1 000 元，上不封顶的奖励金额，以表彰他们在诚信方面作出的表率，真正做到奖罚分明。

为了做到举一反三、防微杜渐，公司制定了《诚信案件复盘机制》。每一起诚信案件调查处理结束后一周内，公司都会组织相关部门人员针对该诚信案件进行深度复盘，剖析发生该案件的本质原因，深入挖掘组织、系统、流程漏洞，针对问题本质，制定整改措施并以月为单位进行周期性检验，确保整改措施落实到位。同时，相关部门人员也需要进行反思，开展批评与自我批评，避免类似事件重复发生。

在打击腐败方面，公司态度坚决，不论任何人，职位高低、金额大小，只要触及诚信底线，公司均保持零容忍，严肃处理，涉嫌违法的，一律移交司法。美菜的监察部门曾处理过上至 9 号员工、大区负责人，下至一线职员、业务员。

美菜网 CEO 刘传军表示：风控合规中心是他的后盾，既要以善为念，成就他人；也要除恶务尽，为公司和合作伙伴提供一个公开、公正、公平的阳光氛围。

的确，美菜网是一列高速行驶的列车，而风控合规中心就如铁轨，确保列车能够安全行驶，抵达目的地。

第七章　形成“不想腐”的自觉

侵欲无厌，规求无度

——左丘明《左传·昭公二十六年》

第一节　开展廉洁教育的重要意义

被称为“组织之癌”的腐败问题之所以难以根除、屡禁不绝，有多方面的因素，但说到底是人。正如同组织中的个体具有不同性格，腐败问题是否发生起决定性作用的是鲜活个体自身的思想、性格、人格、教养，是无处不在的利益和诱惑。

互联网企业反腐部门与腐败较量，特别是在没有纪检监察等公权力介入的情况下，与员工理想滑坡、信念动摇、行为失范相较量则更加考验治理者的反腐败决心和态度；互联网企业反腐承担着与人性中恶的一面、落后的一面较量，与人内心的贪念较量的重任，单单依靠打击、移送司法机关不仅容易产生边际效应递减而且加剧了企业反腐成本。因此，解决互联网科技企业腐败问题的根本最终会回归到职业道德问题，需要教育引导员工解决好世界观、人生观、价值观这个“总开关”问题，构建诚信企业文化，促进员工的全面发展，培育现代文明人格和职场道德。

教育与预防是连接“不敢”与“不想”的重要纽带，发挥着查处一案、警示一片的治本作用。教育是反腐败和廉洁建设的一项基础性工作。通过对企业进行理想信念教育、廉洁制度教育，巩固拒腐防变的思想道德防线，促使其增强廉洁自律意识，推进企业廉正教育制度建设。

在实际情况中企业要想实现不想腐的目标是非常难的，企业如果要想提高不想腐的廉洁意识，廉洁教育是必不可少的，在企业中开展各项廉洁教育的形式是多种多样的，大概可以分为线上和线下两种形式。线上基本可以通过新媒体、公司内网、廉洁答题等开展各类的廉洁宣传教育；线下通过廉洁路演活动、员工廉洁教育培训、宣传海报等形式进行宣传教育，线下开展的廉洁的教育更为直观，但辐射的范围有限。受时间和场地的限制，这就需要线上和线下相互联动，可以很好地扩大员工认知，提高影响力，强化和提高员工对反腐倡廉重要性的认识和廉洁从业的自觉性，筑牢拒腐防贪的思想基础。

此外，高层管理人员必须有模范带头作用，有反腐的认知、决心和承诺，高层的反腐败决心，应当通过中层传达到普通员工，从而在企业内部发展并形成零容忍的企业反腐败文化。

企业内部监察部门以及人力资源等协同部门，可通过新闻媒体报道、召开专项会议表彰、拍摄宣传作品等形式，宣传反腐的正面典型；通过编写典型案例宣传文稿、拍摄反腐教育片、建设反腐教育基地、举办反腐教育展览或廉正文化主题展览，以及涉案人员现身说法等形式，教育企业各级员工引以为戒，通过正反两方面的经验教训让企业各级员工保持头脑清醒，坚定立场，防患于未然。

第二节　三只松鼠：零售网红的“家规”

2018 年 9 月，首届“中国廉洁创新奖”评选结果揭晓，三只松鼠股份有限公司（以下简称“三只松鼠”）凭借“互联网+”时代的企业廉洁体系综合创新项目获得提名奖。在19家获奖单位中，仅有阿里巴巴、三只松鼠两家民营企业。而且三只松鼠是其中最年轻的一家。

一家“网红零食店”何以经过多轮评选脱颖而出？

一家互联网零售企业为何要将“廉洁”作为其基本价值观？

显然三只松鼠并不需要获得廉洁创新奖来博流量，作为“国产休闲零售巨头之一”，三只松鼠成立于2012年，在过去6年牢牢占据“天猫双十一”休闲食品榜单的三甲。

新晋网红功夫了得，这背后是创始人章燎原对“廉洁”之于“零售行业”深刻的理解和三只松鼠重新定义农产品零售的生动创业之旅。

三只松鼠是新时代的产物，廉洁是这个时代最大的红利。

在创立三只松鼠之前，章燎原在传统坚果行业打拼了9年时间，深知传统零售行业腐败侵蚀利润之弊病。

对于传统的农产品交易来说，最大的弊端就是农产品信息更新不及时，农产品交易双方对于农产品信息的误读，从而造成农产品交易率降低，信息耗损导致的“价格寻租”空间巨大，这样的“黑盒子”让农产品生产者、消费者的利益受到损失，供应商互相倾轧，使得行业风气极度恶化。

除了交易成本，零售行业的“损耗率”是惊人的，渠道、物流、仓储、配送，门店和人员……都在耗损，吞噬利润。传统超市蔬菜损耗率高达20%～30%，即便是盒马、7FRESH等供应链管理能力极高的零售品牌，将毛利率维持在10%以上都需要极深厚的“内功”。

据Wind数据显示，2016—2018年及2019年三季度，三只松鼠的存货周转天数为106.49天、102.84天、83.39天和68.24天；三只松鼠的毛利率分别为30.20%、28.92%、28.25%和29.15%。

三只松鼠做到了！深厚“内功”的背后是章燎原笃信的价值逻辑。

辞职创业，“不会跟供应商搞关系”的章燎原被很多人认为“活不下去”，认为沉淀在零售业供应链的“潜规则”，足以杀死任何一家创业公司的初心。深知农产品零售行业之弊病的他，决定改变：如果三只松鼠合作的供应商伙伴每天都要思考着怎样送礼等问题，那么他将没有任何精力放置在产品品质上，对三只松鼠而言，“让天下主人爽起来”的使命将只是句空话。

如果零售业不廉洁，即便成长也是慢性衰亡，过程没有希望结果必然渺茫。章燎原笃定地将廉洁作为三只松鼠生长的“逻辑起点”。

2012年，初创阶段，章燎原就开始给全体“小松鼠”立家规——《松鼠十一条家规》，几乎与企业一同诞生，它用了两条内容的篇幅，明确提出对收受贿赂、贪污腐败的判定。甚至还规定了公司员工下级不允许请上级吃饭、婚丧嫁娶的最高随礼金额等内容，意图在松鼠建立公平、透明的同事关系。一条条详细的家规，可以清楚看到章燎原对廉洁的向往，更能感受到他对松鼠窝里“创业者”们的期待。

“松鼠廉洁”① 改变了伙伴的思维方式甚至价值观，他们不再需要推杯换盏地搞关系，送礼请客，而是更加专注地提升品质，与三只松鼠一起服务好共同的主人，从而形成一个良性循环。供应商大会上，一位来自百世汇通的物流代表说：“三只松鼠是百世汇通在2015年唯一一家没有花公关费用的企业。松鼠廉洁不仅影响了松鼠员工，更对

① “松鼠廉洁”指三只松鼠在公司内构建的廉洁治理体系，也是三只松鼠廉洁工作的品牌化符号。

百世汇通的员工产生了深刻影响。”还有松鼠伙伴感叹：“真希望所有的合作伙伴都能像三只松鼠这样，大家只需要做好产品，简简单单的。”

就这样，“家规”如同一颗播下去的种子，伴随着松鼠业务的快速发展而不断成长。

由最初的“家规”，到范围更广的公平交易承诺函、关联交易限制令、合作伙伴廉洁处罚细则等一系列内容，不断拓展着三只松鼠廉洁的内涵与外延，构筑了一张庞大的廉洁之网。

在三只松鼠文化墙上，可以清晰看到“松鼠廉洁”体系的发展脉络。从松鼠家规到廉洁4P令，再到现在的廉洁5P令；从泛廉洁体系建设到2018年提出的“廉洁四严”的新要求；成立松鼠廉署，强化公司廉洁培训、贪腐调查等职能……

整个“松鼠廉洁”体系从种子长成一棵大树，根系发达稳健，枝叶繁茂旺盛。文化墙上张贴着松鼠廉洁培训的第一张结业证书，由四川绵阳的一家合作伙伴2014年7月份签字确认。墙上还张贴了一个典型案例：一元微信红包事件。2015年春节，松鼠家接到采购员鼠小叶的投诉，反馈接到芜湖某印刷公司的1元钱微信红包。事件发生后，廉署立即采取廉政处罚措施，与该公司进行廉政约谈，并给予该公司停止合作两个月的处罚决定。

扎根廉洁土壤的公司，会愈发健康强壮。

2019 年 7 月，成立 7 年的三只松鼠上市，股价连续涨停，最高达 81.50 元/股；截至 2019 年底，三只松鼠有 108 家直营店，278 家联盟小店；即便是 2020 年这个特殊的春节，据电商大数据服务机构 ECdataway 显示，三只松鼠的总销售额在天猫和京东分别为 1.76 亿元和 2.41 亿元，继续保持高速增长。

从一份家规、一个机构，到一套可推广的廉洁体系，再到云平台……

2017 年 5 月 20 日，“松鼠廉洁”三周年庆上，三只松鼠正式提出了共筑廉洁共同体的理念。“我们的目标是把产业链上的伙伴聚集起来，汇聚成强大的力量，共同改变行业和商业文明。”章燎原在现场表示，“松鼠廉洁”是三只松鼠最大的成功，没有之一。

作为企业文化的逻辑起点，廉洁文化能不能复制传播、影响更多的伙伴，是衡量一种文化有没有生命力的硬性指标。

三只松鼠创建了全行业独一无二的云平台。

云平台连接了主人、三只松鼠和伙伴，解决了传统食品行业的一大痛点：不知道产品卖给谁，也不知道消费者的评价如何。

来到三只松鼠参观，不难发现在一块由 8 个电子屏组成的巨大屏幕上，可以清晰看到三只松鼠的产品好评率、合作伙伴质量指数、物流配送质量指数、主人差评解决率等丰富的数据信息。

基于云平台，三只松鼠不仅仅是伙伴的客户，而是与伙伴结成了产业经营共同体，共同的客户是消费者。不良产品背后，有没有供应商信誉问题、廉洁问题；投诉工单的背后是否有利益输送、吃里扒外；产品品质好不好，以后的采购量要不要增加，全部用数字说话，由消费者决定。“当松鼠廉洁与云平台有机结合，我们找到了一把可以改变行业、重建商业文明的金钥匙。”

另一方面，通过数字化的产业链，三只松鼠可以对产品品质进行实时监督，逆向追溯。每个主人在网上发表的产品评价以及微博等渠道的投诉反馈，系统都会自动抓取，并通过数字化渠道追溯到是哪一家供应商生产的，找到哪一个环节出现了问题，以此倒逼供应商改进生产流程，改善产品质量。同时，三只松鼠成立了中创食品检测公司，检测出来的数据也会进入这个系统，发现问题同样可以追溯到供应商，实行了双链路的数据流动。借助这个平台，三只松鼠带动了上游的 500 多家合作伙伴，下游则对接了 7 000 多万名主人，为他们提供了质量可靠、价格合适的食品。

三只松鼠实现了从 5 个人的创业团队到年销售额近百亿元的快速发展，8 年来累计卖出超过 200 亿元的零食。在这些数字背后，是廉洁文化体系和互联网新零售体系的创造性结合，用数字化的“廉洁”定义了与伙伴的生意规则，用“松鼠廉洁”定义了与伙伴的道德准则。

第三节　科大讯飞：让我举报同事？不好意思，请“触动我”

科大讯飞股份有限公司成立于 1999 年，是亚太地区知名的智能语音和人工智能上市企业。2017 年及 2019 年，科大讯飞连续两届上榜《麻省理工科技评论》全球 50 大最聪明公司榜单，2017 年首次入榜，名列全球第六、中国第一。2019 年，科大讯飞新一代语音翻译关键技术及系统获得世界人工智能大会最高荣誉“卓越人工智能引领者奖”应用奖。

分析科大讯飞的财务报表，不难看出：2014 年科大讯飞研发投入资本化比率只有 39.16%，随后一路上升，达到了 2018 的 47.02%；2013 年至 2018 年的主营业务利润率基本在 50%左右；实际上研发投入资本化对于公司业绩的影响已经开始显现。

不可否认，作为有着硬核技术的创新型科技公司典型代表，科大讯飞最核心的财富是研发人才，研发人员数量多、占比高、投入大，“研发人员”智力成果关系到公司的生死存亡，不计成本的持续研发投入是一家科技硬核公司的决心。

机器只会腐烂，人才会腐败。越是以人为核心的高科技企业，实际上，越需要防止人的腐败问题。

可现实是——科技企业的“腐”并不好反。

2017 年，科大讯飞推送了一个关于举报投诉渠道的推文，下面有一条留言回复显得特别“扎心”。

“你们这样是在破坏企业员工关系，我怎么可能举报同事?”

这是一条“神回复”!

在很多企业家、反腐从业者看来理所应当的前提，却在一个科技公司遭遇到赤裸裸的“挑衅”。科技企业的人员通常有很高的学历，反腐倡廉这么“天然正义”的行动竟然会被怀疑？

没错，这一“直男癌”晚期患者的坦诚，如当头棒喝，让讯飞从业多年的反腐人员难以理解。

的确，腐败者的脸上不会写着一个“贪”字。

“我怎么可能举报同事”这样的问题基于两个前提假设：“同事有没有拿钱，与我无关”“举报行为会伤害到大家”。

时代变了，雇员变了！

哪里出了问题？

科大讯飞廉洁工作服务的主体，类似于互联网科技公司大多数一线从业人员，以90后、95后为主力，“三高三低”的群体特征十分显著，他们高智商潜能、高薪酬待遇、高跳槽流动，低平均年龄、低文化归属、低人际互动；他们多理工背景、个性鲜明、非常年轻，有着丰富的内心世界却不爱表达，廉洁意识、组织观念很难渗透。

“没有家庭负担，没有尴尬的年龄，有额外的收入，这样的90、95后，有资本任性，有资本秒辞，有资本选择。”与工资、福利等物质待遇相比，95后更注重情感的释放、自我的表达、精神的自由。

当腐败问题变成有血有肉的“腐败个体”时，一切变得模糊起来。

在互联网公司，业绩平庸、能力平庸的人很难腐败，只会被淘汰。

腐败者或许是同事好友，朝夕相处，邮件往来；或许是合作伙伴，温文尔雅、有问必答；或许是领导上司，甚至身怀绝技，循循善诱，热心帮带……甚至只是与我无关的路人甲，萍水相逢，何必动刀动枪？

让我举报同事？不好意思，请“cue 我”（触动我）。

反腐团队须有客户意识

根据领英发布的“工作趋势洞察”，70 后的工作平均超过 4 年才换，80 后则是 3 年半，而 90 后骤减到 19 个月，95 后更是仅仅在职 7 个月就选择了辞职。大厂 HR 对 95 后职场者做了专门的解析，有一个共性：针对他们的特殊性因材施教，给他们以认同，用有趣、有料、有干货的宣传吸引他们快速加入集体；也有一个共同的“槽点”：95 后的年轻人越来越难讨好。

“说辞就辞，平均每份工作 7 个月。”

“缺少团队意识，不愿意加班。”

“不愿意讨好领导，不看领导脸色。”

2017 年社区里的扎心回复使科大讯飞的反腐团队意识到，员工的廉洁意识不会自发形成，但反腐治理者的客户意识却亟待提高。95 后的员工需要用 IP 去吸引他们。

2019 年 6 月科大讯飞反腐部门发出一个通报，开除 6 名员工，其中 4 个移交司法机关，个别人员涉及金额超过 100 万元。通报发出后，内部社区就炸了锅！

下面有一条评论，又是非常显眼，但却是另外一个结果！

“就是这样的人，不然我们年终奖能分得更多。”

两年间，剧情翻转了！

有品牌才有触达。

痛定思痛，科大讯飞的反腐部门开始思考一个全新的问题——一个反腐团队如何打造廉洁品牌。

他们反思认为：每个人心中对品牌的理解都是不一样的，如果 2007 年大家在百度上搜索苹果两个字，最多的搜索结果就是一种水果；可 2017 年之后却是一种科技产品。2012 年之前，搜索小米，可能也是一种粮食。这就是品牌建设的结果。之所以客户心里面把廉洁拒之门外，因为廉洁太生硬、太冰冷，丝毫没有温度。

要把企业的廉洁工作上升到一个品牌的高度，需要对成功的品牌进行研究，学习商业化的品牌发展路径，学习品牌建设的路径和关键时间节点。而一个企业的廉洁工作，它包含了实体事件、服务内容、组织信息、地点渠道，完全具备做成一个产品品牌的前提条件！

科大讯飞还与三只松鼠进行了交流，非常认可三只松鼠“把预防在工作体系前置，抓早抓小，防腐优先”的做法。

不是企业抓了多少人，就是工作成果；查处的人并不多，移送移交司法机关的人少也不代表反腐败能力弱。如果一个企业由于廉洁品牌建设好、廉洁生态环境好，导致违规违法的人少，不是一件羞耻的事，应该是值得骄傲的，说明预防工作做得好，将反腐工作进一步前置为防腐。

建设一个品牌的意义到底在什么地方？

作为风控部门也好，作为审计或者监察部门也好，腐败治理品牌的专业性体现在何处？

一方面，对内能够提高监察和审计工作的持续性。不论这个团队的人员、领导如何变化，对于一个企业的价值贡献是稳定的。廉洁文化形成一个品牌之后，它会生根发芽，他会从一粒种子长成一棵参天大树！如果廉洁只停留在文化范畴，很容易看到天花板或者看到范围，不知道企业文化还会有什么样的形式，以什么样的效果最好，今天去借鉴，明天去思考，容易迷茫从而难以找到一个最适合的表达方式，但建立一个品牌之后，就能够减少“形式上”创新的成本，不必再过分纠结形式，而扎根在客户心中。

另一方面，对外能够提高公司监审工作的认同。板起脸来说教很难打动“95后”的客户，如果把廉洁打造成为有趣的品牌，触达更多人群，让更多客户参与进来，加入进来，认可度会提高很多。审监工作无论是事前事中事后，无论是打击、宣教和预防，都要落地到一些实体的产品，不是一个部门能够推动的，是整个链条，要动用公司的很多资源，如果工作没有形成品牌，调动资源会很有难度，当形成品牌之后会产生聚合效应，会有一定的号召力。

建立品牌要多少成本?

根据讯飞的统计，监察部门其实是一个盈利部门，自己的人员的工资，各种开会费用，其实相对于其挽回的损失来讲，比例是很低的，腐败治理团队可以试着从挽回损失数额说服管理者，去支持反腐团队构建品牌的投入。

如何打造反腐品牌？

建立品牌第一步需要确定理念。

科大讯飞的反腐团队从公司价值观里面提取出来三组词汇：简单、真诚、阳光透明。

第二步，对品牌服务的对象做划分。

首先是员工，科大讯飞的反腐团队构建了几个员工的类型，程序员、管理人员、工程人员……一个商业的品牌，它肯定是有顾客的，并且对顾客群体进行划分，就像宝洁的旗下有非常多的知名品牌，它都是有不同服务的群体的，讯飞的反腐团队认为品牌也一定有对象，而且一定要分类研究。

其次是部门管理者，科大讯飞的反腐团队也要服务外部，管理者更在意所辖管理范围内工作是否正常运转，是否有合规风险，廉洁文化、廉洁品牌能否服务于管理者的管理。每年都召开由董事长亲自主持的廉洁自律大会，凡是当年违规违纪违法人员，就在廉洁大会直接通报，2019年科大讯飞有史以来第一次直接通报了相关人员违规违纪违法的一些具体详细的信息，包括移送司法过程、涉案款额，起到了很好效果。

图 7－1　科大讯飞的廉洁品牌建设

最后就是供应商等外部伙伴和其他员工，通过廉洁产品矩阵落地，包括制度承诺、宣传月的宣传页、线上和线下的活动，此外还做了很多实体的周边产品，送到员工、供应商身边，让外部合作方有触达感。

第三步，不断丰富和完善品牌内涵。

反腐要有一种东西、一种标志，让员工看到之后就能够认识到这是公司文化的一部分，这是廉洁宣教的品牌，

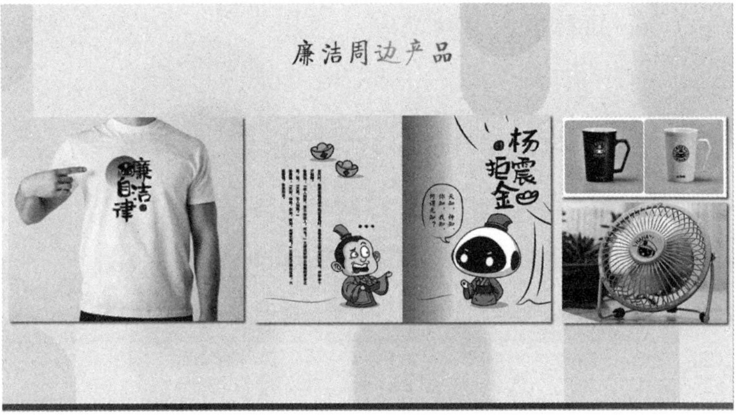

图 7-2　科大讯飞的廉洁周边产品

所以科大讯飞的反腐团队做了一个 logo，是根植于企业吉祥物小飞飞，给它添加了保卫的徽章。

图 7-3　科大讯飞的廉洁 logo

Logo的衣服也很像警察的衣服，科大讯飞的反腐团队也在一定程度上扮演企业内部警察的角色，Logo分为三种状态，第一个是战斗状态，预防打击的时候需要用到的。第二个是日常状态，讯飞的反腐团队防御的时候，做机制梳理、做流程体系建设的时候使用。第三个是叫宣导状态，是一个包公的形象，说明反腐团队要像包大人一样，廉正清明，内心又轻松，讯飞的反腐团队愿意去做这种宣教和教导。

此外，科大讯飞每年都组织“关键少数”到廉政教育基地参观，印制文化衫T恤，廉洁秘籍手册，其中附赠有园区内的商业街优惠券、咖啡抵用券等等一些比较实用的周边。

从2017年到2019年，科大讯飞反腐团队处理的刑事案件移送司法机关超过两位数，最大涉案金额是数百万元，损失挽回也比较多，品牌建设使得反腐工作有了乘数效应。

首先就是举报数量猛增670%。讯飞的反腐团队以前在做品牌之前，举报数量是非常低的，就像之前的小故事一样，员工没被“CUE”（触动）的时候，连对举报这种做法的认同都不够。

其次礼品礼金上交增长 320%，目前每天都有人在上交礼品礼金。实际上，反腐团队对礼品不是“一刀切”，全部都要上交，内部规定 200 元以下，自己或者部门自行处理，就在这种情况下，礼品和礼金上交的数量和等级都在激增，这也是做宣传做品牌收到的成效。

在 2017 年之前，科大讯飞的礼品及管理制度其实也非常混乱，纯线下手工的数据很难被挖掘和使用，后来出台了相关管理制度，并全部线上化。通过一个礼品礼金的线索，科大讯飞的反腐团队抓到了百万级的贪腐行为。

第八章　中国互联网企业反腐治理：开始就不晚

20 世纪的世界反腐地图上，带有地标性质和全球影响的廉洁拐点主要有三个：第一个是 20 世纪 20 年代之前基本成型的美国廉洁拐点，即典型国家重组型，其伴随的企业廉洁特征是跨国企业的首席合规官制和全球腐败调查，比较有代表性的是宝洁、沃尔玛等公司。第二个是 20 世纪 30 年代成功起步的瑞典（福利改善型）廉洁拐点，其伴随的企业廉洁特征是现代化的职业经理人选聘和内控合规制度建设，比较有代表性的是沃尔沃、宜家集团；第三个是 20 世纪 50 年代末 60 年代初发轫的新加坡（法制强推型）廉洁拐点，其伴随的企业廉洁特征是以国家垄断大型金融集团为主要的金融监管体系，比较有代表性的星展、华侨、大华银行。

其中，第一个属于大国廉洁拐点，后两个属于小国廉洁拐点。但是，这些国家的廉洁拐点都是《联合国反腐败公约》出现之前的产物，基本属于独善其身的“内向型”廉洁拐点。

然而，人类社会进入互联网科技时代之后，科技成为重塑企业模式、重构社会关系、重铸制度笼子、重建个人信用的变革性力量，科技创新成为影响社会发展，推动企业变革的底层逻辑。

互联网科技时代的到来，对于职场人员来说，必须适应“监督无处不在，问责无时不有，举证无人不可，追溯无秘可保”的网络化、大数据化、区块链化生存环境，必须在办公室内外、八小时内外全天候保持对监督和党纪国法司规的敬畏感，必须适应“既管本人又管家人”“既管才德又管财产”的全方位监督压力。

另一方面，企业治理也有待突破传统产业治理方式，向以科技创新为主导，线上与线下深度融合的企业治理逻辑转化，其中的反腐败反舞弊体系，也需要随着这样的“底层逻辑”发生变动。

为何当下中国互联网企业的腐败治理，开始就不晚？

2019 年《财富》世界 500 强榜单中，属于银行、金融、保险和房地产等虚拟经济产业的企业共 117 家，在虚拟经济产业上榜榜单中，中国企业 28 家，高于美国的 27 家。中国 28 家虚拟经济产业上榜企业利润合计 2 861 亿美元，占中国上榜企业利润总和的 65.2%，美国 27 家虚拟经济企业利润 2 035 亿美元，占 27.9%。我国以制造业企业为代表的实体经济进入世界 500 强企业数量相对较少，新兴经济体有后发治理优势——越来越多的实体制造业与互联网科技开始了“虚实相生”的紧密结合。

事实上，不仅不会晚，反而已经“快人一步”，中国互联网科技公司的反腐败治理，正在为以科技创新为主导的后发型企业贡献“中国智慧”，为互联网科技公司的反腐败治理提供“中国方案”。

其一，中国的互联网科技公司的发展从数量上已经超越美国。2019 年《财富》500 强，全球互联网行业上榜的 7 大公司中，中国 4 家，超过美国的 3 家。中国为京东、阿里巴巴、腾讯、小米，美国则为亚马逊、谷歌母公司 Alphabet、Facebook。中国这 4 家公司，均有独树一帜的反腐败、反舞弊经验，成为中国互联网行业的先行者，在本书的第二章中，已经逐一做了分析；相反美国的亚马逊、谷歌、脸书在企业舞弊治理方面，基本沿用了首席合规官和全球舞弊调查体系，在治理体系上并无创建，反舞弊也并未得到充分重视。

其二，中国的互联网科技公司的发展拥有更大潜力。对比中美两国企业排名上升较快的企业，2020 年上升最快的是中国的碧桂园，跃升 176 位，上升前 10 名中有 6 家来自中国，其余 5 家是：阿里巴巴（上升 118 位）、阳光龙净（上升 96 位）、腾讯（上升 94 位）、苏宁易购（上升 94 位）、恒大（上升 92 位）主要是互联网服务与零售、房地产、多元化金融等服务类企业，而美国的 Plains GP Holdings、Enterprise Products Partners、迪尔等，主要是管道运输、建筑与农业机械、炼油等的制造类企业。中美两国产业发展有不同的侧重点，美国在补制造业的短板，而中国则在大力追赶新兴产业的发展。中国的互联网科技企业受到传统企业领域的“割裂”少，更容易将科技与实体经济相结合，京东、阿里、苏宁也并非微软、谷歌这类较为纯粹的“科技公司”，在用科技改变商业场景上，“新零售”模式对线上与线下的深度互动上，体现出更大能量。科技创新，会逐渐打通产业链，越来越多的行业将会受惠于互联网科技公司治理模式的“反哺”，使得基于互联网企业的“云内控”和互联网思维的反舞弊治理有了更深的拓展空间。

其三，中国互联网科技公司拥有更大市场，与实体经济和居民消费结合。据最新发布的第47次《中国互联网络发展状况统计报告》数据，截至2020年12月，我国网民规模达9.89亿，互联网普及率达70.4%。互联网接入设备方面，我国网民使用手机上网的比例达99.7%（手机网民规模9.86亿），使用台式电脑、笔记本电脑上网和平板电脑上网的比例分别为32.9%、28.2%和22.9%，使用电视上网的比例为24%。2020年春的疫情让全国民众体验了一把互联网的生活模式，尤其是一种新的消费习惯逐渐被民众了解和接受。以前认为生鲜类的非标准化产品是不适合互联网购买的，但这次疫情使得互联网购物模式实现了“更深度触达”，互联网购买生鲜完全没有问题，而且还很便利。这种新的消费习惯会使得互联网深入到日常生活的各个方面。这种独特的“新零售”模式，深度结合“人、货、场”，会激发越来越多的企业去思考如何“更有效率”的运营，如何更好地降低企业耗损。

世界期待着一个属于中国的“廉洁拐点”。

我们已经经历了改革开放四十多年的高速增长，社会激烈变革，创富英雄辈出，无数创业神话吸引着创业者们奋不顾身投入其中。创始人和创业团队作为创业活动的发动机，他们的光荣与梦想需要用“理性”和法律来加持。不懂法律规则、片面追求增长、忽视文化建设容易为企业长期发展埋下“原罪”，千里之堤毁于蚁穴，如果没有良好的反腐败意识和内控能力，企业遭遇危局在所难免。

创始人作为企业的掌舵者，需要有保护自己、保护自己企业的法律意识、经商之道和合规风险管控方略。互联网公司发展迅速，这些企业在开拓市场中，需要赋予高管、重要岗位员工一定的业务权力，且大多互联网公司崇尚开放文化，强调结果导向，激励员工创造更突出业绩。由于面临太多的经济利益诱惑，近些年互联网公司连续爆出的贪腐事件，揭示了贪腐行为所具有的“隐蔽性强，寻租空间大，个案腐败金额高”的新特征，也暴露出部分公司员工甚至是高管行为边界模糊，对是“行业惯例”还是“正常的人际交往”无法辨识，行走在“违法犯罪”的边缘还全然不知。企业反腐和内控方面投入资源精力不足，道德、法律警戒线模糊不清，如果企业文化价值观对“廉洁从业、合规经营”理念等缺乏引导，那么高速增长将不可避免带来腐败隐患，这种隐患往往在顺境中难以显现，而在逆境中成为了压死骆驼的最后一根稻草。

因此，互联网科技企业更需要“扣好第一颗扣子”，选择与商业模式、企业特质、发展阶段相适应的反腐策略，组建反腐败治理团队，搭建腐败治理体系。

从人的角度，作为企业管理者，应该结合企业不同发展阶段，对内部体系进行相应调整，平衡好反舞弊与公司发展需求之间的关系，避免出现窝案，高业绩、难替代员工出现廉正问题，导致企业面临尴尬境地，同时对反舞弊工作有明确的目标以及给予必要的支持。作为企业员工，应当树立正确的价值观，积极了解反舞弊的途径，对于反舞弊工作的开展也需要积极支持，真正参与其中，共同营造廉洁公平的办公环境。

从行业及社会角度，行业组织、公检法机关、高等院校学界应当积极研究互联网反舞弊环境的变化，研究互联网新型反舞弊案件的变化，并持续推动法律制度的完善，保障企业的合法利益。广大媒体也应积极参与其中，对互联网企业的反舞弊事件进行正向报道，表明互联网企业的积极态度，履行企业的社会责任。

从具体实操角度，党的十八届四中全会正式提出“形成不敢腐、不能腐、不想腐的有效机制”，党的十九大报告明确指出：“强化不敢腐的震慑，扎牢不能腐的笼子，增强不想腐的自觉，通过不懈努力换来海晏河清、朗朗乾坤”。这些都为企业构建腐败治理体系提供了明确方向及思路。有效防治腐败，必须做到不敢腐、不能腐、不想腐三管齐下，建立长效机制。要形成不敢腐、不能腐、不想腐的有效机制，在企业内部就必须构建集惩处、防范、教育于一体的企业腐败治理体系。

参考文献

财富中文网. 2020 年《财富》世界 500 强排行榜. 财富中文网，2020.

中国纪检监察报. 古代监察制度探源. 中央纪委国家监委网站，2013.

邱永明. 中国古代监察制度史. 上海：上海人民出版社，2006.

陈治治. 民营企业加入反腐阵营值得赞赏. 中国纪检监察报，2016.

刘强东. 正风反腐，让正气回归. 中国纪检监察报，2017.

战飞扬. 公司合规，创始人避免败局的法商之道. 北京：人民日报出版社，2019.

ACFE. 2020 年 ACFE 全球舞弊调查报告. ACFE CHINA. 2020

张强. 内控三道防线：华为的核威慑和冷战系统. 蓝血研究，2020.

薇薇安，拾柒，从浅. 前员工深度揭露 ofo 败局：挥霍、贪污、站队、大裁员. 锌财经，2018.

神华研究院. 美国“长臂管辖”法下的十大经典案例. 神华研究院，2018.

徐乾昂. 爱立信承认在五国行贿，抛 10 亿美元和美方达成和解. 观察者网，2019.

黄继华. 普利司通、优科豪马商业贿赂案简析. 迅孚汽车新市场，2016.

陈训龙. 案评 ｜ 勇于挑战行业“潜规则”提升工商执法影响力. 中国市场监管报，2017.

邢小强，周平录，张竹，汤新慧. 数字技术、BOP 商业模式创新与包容性市场构建. 管理世界，2019.

陈静. 再曝高管贪腐冲上热搜 起底百度十年反腐之路. 封面新闻，2020.

Xin（Sophie）Li. 领英发布“第一份工作趋势洞察”，职场第一步是你人生的决胜时刻吗. 领英，2018.

王京清，陈光金. 反腐倡廉蓝皮书：中国反腐倡廉建设报告 NO. 8. 北京：社会科学文献出版社，2018.

任建明，过勇. 廉洁创新的中国实践（首届中国廉洁创新奖获奖案例集）. 北京：社会科学文献出版社，2019.

CNNIC. CNNIC 发布第 47 次《中国互联网络发展状况统计报告》，中国网信网，2021.

图书在版编目（CIP）数据

互联网企业反腐密码 / 段秋斌主编. --北京 ：中国人民大学出版社，2021.10
ISBN 978-7-300-29801-6

Ⅰ. ①互… Ⅱ. ①段… Ⅲ. ①网络公司-反腐倡廉-案例-中国 Ⅳ. ①D630.9

中国版本图书馆 CIP 数据核字（2021）第 205444 号

互联网企业反腐密码
主编　段秋斌
Hulianwang Qiye Fanfu Mima

出版发行	中国人民大学出版社		
社　　址	北京中关村大街 31 号	**邮政编码**	100080
电　　话	010－62511242（总编室）		010－62511770（质管部）
	010－82501766（邮购部）		010－62514148（门市部）
	010－62515195（发行公司）		010－62515275（盗版举报）
网　　址	http://www.crup.com.cn		
经　　销	新华书店		
印　　刷	德富泰（唐山）印务有限公司		
规　　格	148 mm×210 mm　32 开本	**版　　次**	2021 年 10 月第 1 版
印　　张	7.5 插页 3	**印　　次**	2021 年 10 月第 1 次印刷
字　　数	116 000	**定　　价**	58.00 元